GEISTLICHE GEMEINSCHAFTEN UND KOMMUNITÄTEN IN DEN EVANGELISCHEN KIRCHEN IN DEUTSCHLAND

Diskurs über Spannungsfelder innerhalb der reformatorischen Tradition

AF186673

Bachelorarbeit
zur Erlangung des akademischen Grades Bachelor of Arts (B.A.)
an der **Fachhochschule für Interkulturelle Theologie Hermannsburg**
im Studienprogramm **Interkulturelle Theologie, Migration und Gemeindeleitung**
vorgelegt von **Christian Priesmeier**

Christian Priesmeier

geb. 1966 in Hameln, Bruder in der
klösterlichen Gemeinschaft der Familiaritas
des ev.-luth. Zisterzienserkloster
Amelungsborn

Christian Priesmeier

GEISTLICHE GEMEINSCHAFTEN UND KOMMUNITÄTEN IN DEN EVANGELISCHEN KIRCHEN IN DEUTSCHLAND

Diskurs über Spannungsfelder innerhalb der
reformatorischen Tradition

Books on Demand, Norderstedt

Bibliografische Information der Deutschen Nationalbibliothek:
Die Deutsche Nationalbibliothek verzeichnet diese Publikation in der
Deutschen Nationalbibliografie; detaillierte bibliografische Daten sind im
Internet über http://dnb.dnb.de abrufbar.

Coverbild zeigt die Marienstatur mit Jesuskind in der St. Marienkirche im
Kloster Amelungsborn. Aufnahme von Chr. Priesmeier, 2016

Herstellung und Verlag: BoD – Books on Demand, Norderstedt

ISBN: 978-3-7494-7106-5

Geistliche Gemeinschaften und Kommunitäten
in den evangelischen Kirchen in Deutschland:
Diskurs über Spannungsfelder innerhalb
der reformatorischen Tradition

Bachelorarbeit vom 24.Juli 2018
zur Erlangung des akademischen Grades Bachelor of Arts (B.A.)
an der Fachhochschule für Interkulturelle Theologie Hermannsburg
im Studienprogramm
Interkulturelle Theologie, Migration und Gemeindeleitung

Kapelle der FIT, Hermannsburg/ Bild © 2015 Priesmeier

Mein besonderer Dank gilt den Gutachtern und Betreuern dieser Arbeit

Prof. Dr. Dr. Frieder Ludwig
Geschichte der Weltchristenheit und Missionswissenschaft

Harald Faber
Dozent und Lehrbeauftragter für Sprachen

und allen anderen Mitarbeitenden und Lehrenden der FIT und der
ELM in Hermannsburg. Ebenso möchte ich meinen Freunden,
Bekannten und Mitstudierenden danken, die mir bei dem Projekt
Bachelorarbeit zur Seite standen. Namentlich möchte ich Renate
Huffmann und meinen Mitbruder Stephan Arnold nennen. Danke!

Inhalt

9

1. Abkürzungsverzeichnis

BFP	-	Bund Freikirchlicher Pfingstgemeinden KdöR
CA	-	Confessio Augustana (lat.) oder auch Augsburger Bekenntnis genannt. Bekenntnis-schrift der lutherischen Kirchen aus dem Jahr 1530. Verfasst von Philipp Melanchthon.
CCR	-	Gemeinschaft: Communität Casteller Ring auf dem Schwanberg/Rödelsee.
CVJM	-	Christlicher Verein Junger Menschen
EKD	-	Die EKD ist ein Zusammenschluss von lutherischen, reformierten und unierten Landeskirchen (Gliedkirchen) in Deutschland. EKD steht für Evangelische Kirche in Deutschland.
ev.-luth.	-	Evangelisch-lutherisch
ev.-ref.	-	Evangelisch-reformiert.
FeG	-	Bund Freier evangelischer Gemeinden in Deutschland KdöR
KdöR	-	Bezeichnet eine Körperschaft des öffentlichen Rechts
KevK	-	Konferenz evangelischer Kommunitäten, Netzwerk zur gemeinsamen Interessens-vertretung der Gemeinschaften.
RGSM	-	Gemeinschaft des Rogate-Klosters Sankt Michael zu Berlin.
TGG	-	Treffen der Geistlichen Gemeinschaften in Deutschland, Netzwerk zur gemeinsamen Interessensvertretung.
VEDD	-	Verband Evangelischer Diakonen-, Diakoninnen und Diakonats-Gemeinschaften in Deutschland e.V. – Stand 05/2018 sind 22 Gemeinschaften dem Verband angegliedert
VELKD	-	Zusammenschluss von sieben Landeskirchen (Bayern, Braunschweig, Hannover, Mittel-deutschland, Norddeutschland, Sachsen und Schaumburg-Lippe), um die Einheit dieser lutherischen Landeskirchen zu fördern und zu stärken.

2. Einleitung

Seit 2012 bin ich Bruder der Geistlichen Gemeinschaft im Kloster Amelungsborn (Familiaritas), deren Glieder ev.-luth. Glaubens sein müssen. Die Gemeinschaft, die einen engen Kontakt zum römisch-katholischen Orden der Zisterzienser (OCist) pflegt, stützt sich auch auf dessen Grundlagen. Gemäß dem zisterziensischen Votum „Das Tor steht offen, das Herz noch mehr" *(lat.: porta patet, cor magis)* sieht sich die Familiaritas der Tradition der Zisterzienser, in der Rückbesinnung auf ihre Wurzeln, verpflichtet.

Sowohl konfessionell-kirchlich bewanderte als auch kirchenferne Menschen sind in Gesprächen über Klöster und Ordensgemeinschaften immer wieder erstaunt, dass es neben den klassischen katholischen Orden auch verschiedenste evangelische

Gemeinschaften gibt, deren Glieder häufig ein ähnliches Lebensmodell verfolgen. Diese Vorstellung ist für viele Gesprächspartner verwirrend, zumal Martin Luther und andere Reformatoren das Ordensleben aus verschiedenen theologischen Gründen abgelehnt hatten, u.a. weil sie dieses als nicht biblisch begründet sahen. Das Allgemeinwissen darüber, dass etwa Luther im Zuge der Reformation für die Auflösung von Klöstern sorgte, lässt die Vorstellung von evangelischen Klöstern oft nicht zu.

Um das Verständnis zu erleichtern, warum auch evangelische Christen sich für ein Leben in solchen Gemeinschaften entschließen, will die nachfolgende Abhandlung sich mit verbindlichen Gemeinschaftsformen von Bruder- und Schwesternschaften, Kommunitäten und Geistlichen Gemeinschaften (siehe hierzu auch die Definition im Anhang) innerhalb der evangelischen Kirchen in Deutschland beschäftigen. (Wenn von evangelischen Kirchen gesprochen wird, sind in dieser Arbeit zunächst die Gliedkirchen der EKD, VELKD und UEK gemeint) Dabei soll die Entwicklung dieser Zusammenschlüsse, deren Aufgaben und prägender Charakter betrachtet werden. Ferner sollen die historischen und aktuellen Grundlagen von reformatorischer Tradition, aber auch vorbereitenden Gruppierungen und Gemeinschaften Beachtung finden, wie etwa die Herrnhuter Brudergemeine. Über eine Analyse der verbindlichen Lebensformen der Gemeinschaften sollen die Spannungsfelder (Einbindung und evtl. Widerspruch) innerhalb der reformatorischen Tradition ermittelt werden.

Die Hauptfragen, die es innerhalb dieser Arbeit zu beantworten gilt, lauten:

- Welche positiven und negativen Spannungsfelder sind im Diskurs über *Geistliche Gemeinschaften und Kommunitäten* in den evangelischen Kirchen in Deutschland vorhanden?

- Haben diese Spannungsfelder Auswirkung auf die Gemeinschaften und die evangelischen Kirchen in Deutschland in Beziehung auf die reformatorische Tradition?

Der Begriff ‚*Spannungsfeld*' beschreibt dabei die unterschiedlichen und teilweise gegensätzlichen Einflüsse, die durch die Gemeinschaften auf das traditionelle Umfeld der evangelischen Kirchen in Deutschland treffen und mit dem reformatorischen Verständnis kollidieren. Gleichzeitig haben diese Einflüsse zu positiven Veränderungen geführt, z.B. in der Gemeindearbeit und in der Liturgie; sie erreichen dadurch eine Stärkung des reformatorischen Grundgedankens.

Im nachfolgende Diskurs über die Spannungsfelder innerhalb der reformatorischen Tradition schwingt gleichsam der Versuch einer Antwort darauf mit, was die einstige reformatorische Kritik für die heutigen Gemeinschaften bedeutet, die sich innerhalb der evangelischen Kirchen gebildet haben und für die evangelischen Kirchen selber. Trifft diese Kritik - als ein Bestandteil der reformatorischen Tradition - die einzelnen Gemeinschaften überhaupt noch, wenn ja, teilweise oder vollumfänglich? Oder zeigt sich sogar, dass diese verbindlichen Lebensmodelle eine konsequente Fortführung des lutherisch-reformatorischen Gedankens darstellen und Bestandteil dieser Tradition sind?

3. Reformatorische Tradition in historischer Perspektive

Die Reformation war kein Ereignis, das plötzlich vor den Türen der Weltgeschichte erschien. Über Jahrhunderte hinweg hatten sich verschiedene Missstände in der vom Papst geführten Kirche gezeigt, die bereits vor Martin Luther, Johannes Calvin oder Huldreich Zwingli verschiedentlich angeprangert wurden. Die Machtstellung von Papst und Kirche, wie auch das politische Umfeld, schaffte es aber bis zum Beginn des 16. Jahrhunderts, innere und äußere Reformbestrebungen weitestgehend zu unterbinden. Das änderte sich erst durch politische Änderungen und Machtverschiebungen, eine sich verbreiternde humanistische Bildung, technische Neuerungen und ein sich veränderndes Weltbild; der Weg für die Erneuerung der Kirche und ihrer Struktur war geebnet.

Die Kritikpunkte der Reformatoren waren vielschichtig, sie umfassten das gesamte christliche Leben, aber auch staatliche und kirchliche Strukturen, u.a. auch die Stellung von Bischöfen, Priestern und Ordensleuten. Im Blick auf letztere kann man daher die Entstehung von Geistlichen Gemeinschaften und Kommunitäten der heutigen Zeit als ein Paradoxon zur direkten Kritik Martin Luthers an Klöstern und Ordensgemeinschaften sehen. Das Augsburger Bekenntnis (CA) von 1530 benennt z.B. in Artikel 27 die Kritik am Mönchtum. Eine Kritik, die auch heute noch Bestand hat, weil sie von den evangelischen Kirchen mit Augsburger Bekenntnis bis heute nicht revidiert wurde. Dass die Kritik nicht nur eine lutherische Sichtweise ist, stellt Martin H. Jung in seinem Werk über die Reformation heraus. So hat Zwingli laut Jung *„traditionelle religiöse*

Ordnungen [...und...] das Mönchtum [...] als Menschensatzungen und Ausdruck von Kreaturvergötterung radikaler, viel radikaler als [...] Luther abgelehnt. "[1]

Die Kritik am Mönchtum ist nur ein Punkt von weiteren, die für eine Erneuerung der Kirche sprachen. Im weiteren Verlauf soll daher zunächst auf die Kernpunkte der reformatorischen Tradition und das Anliegen der Reformatoren selbst eingegangen werden. Ein historischer Rückblick, der erforderlich ist, um Spannungsfelder, in denen sich die heutigen Gemeinschaften unter Umständen befinden, verstehen zu können.

---

[1] Martin H. Jung, *Die Reformation: Theologen, Politiker, Künstler* (Göttingen: Vandenhoeck & Ruprecht, 2008), 68.

3.1. Entstehungsgeschichte der Reformation

In der Dekade vor dem Reformationsjubiläum 2017 sind zahlreiche Arbeiten erschienen, die das Leben Luthers, aber auch die Geschehnisse Anfang des 16. Jahrhunderts detailliert beschreiben. In Werken von Martin H. Jung[2], Thomas Kaufmann[3] und Heinz Schilling[4] kann man daraus auch den heutigen Forschungsstand ablesen. Darauf basierend ist festzustellen, dass günstige Vor- und Rahmenbedingungen, neben den besonderen Charakteren von Luther, Zwingli und Calvin, überhaupt erst für das geeignete Klima von Reformationsbewegungen auf dem europäischen Kontinent sorgten. Machtpolitische Umbrüche und humanistisches Gedankengut sind als Wegbereiter der Entwicklung ebenso zu nennen wie Erasmus von Rotterdam, der im Gegensatz zu Luther aber nie mit der römischen Kirche gebrochen, sondern sich vielmehr für eine innere Reform der Kirche ausgesprochen hat. Diese alleinige Sichtweise vom *„Hammer schwingenden Mönch"*[5], der die Welt veränderte, ist heutzutage einer eher kritischeren Auseinandersetzung mit historischen Geschehnissen gewichen, die bereits vor Martin Luther im 14. Jahrhundert ihren Anfang genommen hatten. Trotz allem stellt der Mensch Martin Luther, so

---

[2] Martin H. Jung, *Luther lesen:Die zentralen Texte*, 2. Aufl. (Göttingen: Vandenhoeck & Ruprecht, 2017).

[3] Thomas Kaufmann, *Erlöste und Verdammte: Eine Geschichte der Reformation* (München: C.H.Beck, 2016); Thomas Kaufmann, *Geschichte der Reformation in Deutschland*, 1. Aufl. (Berlin: Suhrkamp Verlag, 2016).

[4] Heinz Schilling, *„Martin Luther: Rebell in einer Zeit des Umbruchs"*, 1. Aufl. (München: C.H.Beck, 2012); Heinz Schilling, *1517: Weltgeschichte eines Jahres*, 3. Aufl. (München: C.H.Beck, 2017).

[5] Schilling, *„Martin Luther: Rebell in einer Zeit des Umbruchs"*, Kap. Die Ablassthesen – Mythos und Wirklichkeit, Pos. 323,7 / 1601.

Johann Hinrich Claussen, eine *„epochale Gestalt [...dar...], die den Beginn einer neuen Zeit markiert."*[6] Dieser Beginn wäre allerdings ohne eine weitere technische Voraussetzung dieser Epoche nicht denkbar gewesen. So war der *„Ausbau der typographischen Infrastruktur infolge des boomenden Ablasshandels [...letztlich...] eine wichtige Voraussetzung für die Kommunikationsdynamik der frühen Reformation."*[7] Ironischerweise wurden damit die Druckerpressen, die zunächst Ablassbriefe herstellten, die als einer der Steine des Anstoßes für die Reformation verstanden werden, zu Vervielfältigern der späteren reformatorischen Texte.

3.1.1. Vorläufer der Reformation in England und Böhmen

Als Vordenker und Wegbereiter der Reformation muss neben der humanistischen Bewegung und den böhmischen Hussiten besonders der Nord-Engländer John Wyclif genannt werden. Seine Kritikpunkte und Reformansätze haben gerade Jan Hus, die Hussiten und die daraus entstehenden böhmischen Brüder maßgeblich beeinflusst und finden sich teilweise in späteren reformatorischen Schriften von Luther, Zwingli und Calvin wieder. Es waren humanistische Gedanken, *"die die Weisheit [von] neu erschlossenen Quellen des antiken Christentums"*[8] in Einklang mit dem

---

[6]   Johann Hinrich Claussen, *Die 95 wichtigsten Fragen:Reformation* (München: C.H.Beck, 2016), 17.

[7]   Kaufmann, *Erlöste und Verdammte: Eine Geschichte der Reformation*, Kap. 6. Kulturelle Aufbrüche-Die Revolution des Buchdrucks, Pos. 119,2 / 979.

[8]   Erwin Fahlbusch, Hrsg., *Taschenlexikon Religion und Theologie*, 4. Aufl., Bd. 4 N-R (Göttingen: Vandenhoeck & Ruprecht, 1983), 210.

Zeitgeschehen bringen wollten, aber gleichzeitig gepaart waren mit Kritik an bestehenden Strukturen in der von Rom und Papst geführten Kirche.

In einen Aufsatz über Hus und die böhmische Reformation spricht der tschechische Historiker Josef Macek (1922-1991) bei Luther, Zwingli und Calvin von 2. und 3. Reformation. Die Bezeichnung ‚Vorreformation', die von Macek abgelehnt, aber von anderen Historikern verwendet wird, ist allerdings meines Erachtens zielführender, weil dadurch ein größerer Zeitraum und auch andere Reformbestrebungen innerhalb der Kirche berücksichtigt werden.

In den Schriften von Wyclif findet man neben der Ablehnung der Heiligen- und Reliquienverehrung auch die Ablehnung der Vorstellung einer eucharistischen Wandlung zu Gunsten eines Gedächtnismahls. Grundsätze wie sie in den Kirchen von Calvin und Zwingli auch heute üblich sind. Herauszustellen ist aber, dass Luther wie auch Zwingli, die Ideen von Hus oder Wyclif nicht einfach nur wiederholten, was im wissenschaftlichen Diskurs auch so vertreten wird. Im Gegensatz dazu ist es aber eine Tatsache, dass sie sich gleichwohl „*gern in eine Traditionslinie mit diesen [...] gestellt und [...sie zu ihren...] ›Vorläufern‹ [...] gemacht*"[9] haben, um ihrer eigenen Sache eine größere Bedeutung zuzumessen.

Wyclif verwies bereits im 14. Jahrhundert auf die Heilige Schrift als einziges Richtmaß, sah Jesus Christus als alleiniges Haupt der Kirche und lehnte den Primats-Anspruch des Papstes ab, den er als Antichristen bezeichnete. Ein weiterer Kernpunkt seiner Kritik

---

[9]   Kaufmann, *Geschichte der Reformation in Deutschland*, Kap. Luther und seine sogenannten Vorläufer, Pos. 12,6 / 2000.

richtete sich gegen „*die von den Päpsten mit Vorrechten überhäuften Bettelorden*"[10], die seiner Meinung nach trotz des Armutsgelübdes Reichtum anhäuften. Seine Ideen und Schriften hatten aber nicht die Sprengkraft oder Tragweite wie die 95 Thesen und andere Schriften späterer Reformatoren. Durch enge Beziehungen zu England fanden seine Gedanken ihren Weg nach Böhmen, wo sie Johannes (oder auch Jan) Hus inspirierten. Der folgte allerdings den Wyclifschen Gedanken, wie etwa der *Wandlungslehre,* nicht bis zum Ende. Posthum wurden Wyclif und seine Anhänger als *Häretiker* und seine Lehren als *Häresie* auf dem Konstanzer Konzil (1414-18) verurteilt.

Die böhmische Reformbewegung unter der Leitung von Hus ging indes in einigen Bereichen über die Ansätze von John Wyclif hinaus, z.B. in der Frage des Laienkelches. Zugleich bestand ein Unterschied bei der Umsetzung von Reformen; baute Wyclef – wie später Luther - auf den Adel als Wegbereiter einer Veränderung, so war es bei Hus das Volk. Nach der Verurteilung und Verbrennung von Hus als Ketzer auf dem Konzil in Konstanz folgte eine Zeit des Aufruhrs, die ganz Böhmen ergriff. Die Anhänger der böhmischen Reformationsbestrebungen der Hussiten splitteten sich dabei in mehrere Parteien auf (Kalixtiner, Utraquisten und Taboriten). Sie waren zwar ggü. äußerlichen Anfeindungen geeint, aber innerlich durch verschiedene theologische Anschauungen zerstritten. Im Nachgang verdeutlicht der „*Vergleich der böhmischen Reformation mit der Reformation Martin Luthers und Johann Calvins [...dabei spezifische theologische...] Züge [..., in der man mehr...] Gewicht auf*

---

[10]   Karl Heussi, *Kompendium der Kirchengeschichte*, 12. Aufl. (Tübingen: J.C.B.Mohr (Paul Siebeck), 1960), 247.

die „*lex Christi*", *auf die Bergpredigt (Matth. 5-8) und auf das Königreich Jesu Christi auf Erden*"[11] setzten wollte. In dieser Absicht stritten die Gruppierungen um die Anerkennung der Sakramente, der Apostolischen Sukzession, des Bischofamt und um die Heiligenverehrung ohne eine Einigung zu erzielen.

3.1.2. Unitas Fratrum

Eine theologische Weiterentwicklung der Grundgedanken von Wyclef und Hus findet man in der ab 1457 entstehenden *Unitas Fratrum* (Bruder-Unität, Böhmische Brüder), die aus den verschiedenen - meist radikalen - Strömungen der Hussiten hervorgingen. Die „*, Unitas Fratrum' = ,Bruder-Unität' [hatte] den erklärten Willen, eine von brüderlicher Einmütigkeit bestimmte Gemeinschaft darzustellen.* "[12]

Um das Jahr 1457 schlossen sich Brüder als Gemeinschaft mit gemeinsamer Lebensführung zusammen. Durch intensive Kontakte mit den Waldensern gelangten weitere theologische Aspekte und Impulse in die Gemeinschaft. Als „*Ausformung eines an der Apostelgeschichte orientierten Gemeindemodells*"[13] setzten sich die ersten Gemeinschaften zunächst aus dem einfachen Volk zusammen, bevor im weiteren Verlauf auch „*Adlige und*

---

[11] Josef Macek, „Sonderdruck aus ,Zeitschrift für Kirchengeschichte' II - 1974 Verlag W. Kohlhammer, Stuttgart: Die böhmische und die deutsche radikale Reformation bis zum Jahre 1525", 1974, [151]-7, http://www.mgh-bibliothek.de/dokumente/a/a149589.pdf.

[12] Erwin Fahlbusch, Hrsg., *Taschenlexikon Religion und Theologie*, 4. Aufl., Bd. 1 A-D (Göttingen: Vandenhoeck & Ruprecht, 1983), 198.

[13] Ebd.

Akademiker"[14] dazustießen, die von dem gemeinschaftlichen Lebensmodell angezogen wurden.

Als pazifistische Gemeinschaft lehnten die Böhmischen Brüder bereits im 15. Jahrhundert den Einsatz von Gewalt zur Erreichung ihrer Ziele ab. Abgelehnt wurden zudem Todesstrafe, Eid und Militärdienst wie auch das Mönchtum; der freiwillige Besitzverzicht als Armutsideal war dagegen erwünscht. Im weiteren Verlauf teilte sich die Gemeinschaft wegen interner Differenzen, etwa in der Frage von Eid-Verzicht und Übernahme von öffentlichen Ämtern. Die *Kleine Partei* der Böhmischen Brüder existierte für einige Zeit neben der *Großen Partei* weiter und lehnte im weiteren Verlauf ihres Bestehens die Trinitätslehre ab. Die veränderungsbereite Große Partei versuchte im 16. Jahrhundert unter Lukas von Prag den Anschluss an das entstehende Luthertum. Eine wirkliche Annäherung kam nicht zustande. Martin Luther, der zwar die Kirchenordnung der Böhmischen Brüder lobte, sah aber Schwierigkeiten in dem Festhalten der Gemeinschaft an den sieben Sakramenten, der Ablehnung der Kindstaufe und dem zölibatären Priestertum. Erst nach dem Tod von Lukas von Prag gelang ab den 1530er Jahren seinen Nachfolgern, nach Aufgabe der Erwachsenentaufe und Reduzierung der sieben Sakramente auf Taufe und Abendmahl, eine schrittweise Annäherung.

Bis zu ihrer fast vollständigen Auflösung im Verlauf des 30-jährigen Krieg und der Gegenreformation entfernten sich die Böhmischen Brüder allerdings mehr und mehr von den Lutheranern

---

[14]   *Ebd., 1 A-D:199.*

hin zu den Calvinisten. Ideen und Grundgedanken der Unitas Fratrum flossen in die im 18. Jahrhundert entstehende Herrnhuter Brüdergemeine ein. In ihrem *»Grund der Unität«* bekennt die neuentstandene *„Brüder-Unität [...] sich zu dieser Einheit, als sie den Namen der alten Kirche der Böhmischen Brüder »Unitas Fratrum« [»Einheit der Brüder«] übernahm.“*[15] Die bis heute existierende Herrnhuter Brudergemeine konstituierte sich am 13. August 1727 in Berthelsdorf bei einer Abendmahlsfeier als Kirchengemeinschaft und ist keine direkte Weiterführung der Böhmischen Brüder aus dem 16. Jahrhundert.

3.1.3. Waldenser

Die Bewegung der Waldenser beeinflusste nicht nur die Böhmischen Brüder, sondern zählt zu den ältesten reformatorischen Kirchen, weil ihre *Anhänger „davon überzeugt [sind], dass ihre Vorfahren schon lange vor der Reformation evangelische Christen gewesen waren.“*[16] Der Anschluss an die Reformation vollzog sich im 16. Jahrhundert, die Anfänge der Waldenser als eigenständige kirchliche Gruppierung gehen aber bereits zurück in das 12. Jahrhundert. Ihr Begründer Petrus Valdes (ca.1140-1205) führte zunächst eine Laienbewegung an, deren Leben sich nicht nur an den Geboten der Bergpredigt, sondern auch an freiwilliger strenger Armut orientierte. Die Entwicklung von Armutsbewegungen als eine

---

[15]   „Grund der Unität", zugegriffen 14. Mai 2018, https://www.ebu.de/brueder-unitaet/weltweite-kirche/grund-der-unitaet/.

[16]   „Die Waldenser:Geschichte und Gegenwart", zugegriffen 20. Mai 2018, http://waldenser.de/detail.php?ref=r3&id=11.

kirchenkritische Ausrichtung findet sich auch an anderen Stellen des 12./13. Jahrhunderts, etwa in der Entstehung der Zisterzienser- oder Franziskaner Orden. Gleichzeitig mit diesem Armutsideal des Mittelalters entwickelte sich auch *„ der Impuls zur Predigt und das apostolische Wanderleben.* "[17] Als Grundlage für die waldensischen Predigten diente eine in die Volkssprache übersetzte Bibel.

Die Waldenser führten nach der Exkommunizierung zunächst ein verstecktes Leben im Untergrund, welches sie erst mit dem Anschluss an die Genfer und Züricher Reformation aufgaben. Ihre öffentlichen und erkennbaren Präsenzen führten zur Verfolgung durch die Gegner der Reformation und dem Versuch, diese Kirchengemeinschaft zu vernichten. Der Grund für den Ketzervorwurf und Ausschluss durch Papst Lucius III war unter anderem, *„weil das Predigen durch Laien und sogar Frauen"*[18] erfolgte.

Die theologische Ausrichtung der Waldenser und Petrus Valdes ist in ihren Anfängen zunächst nicht als eine direkte Kritik gegen das Papsttum zu verstehen. Dies änderte sich erst mit dem erteilten Predigtverbot und dem Ausschluss aus der Kirchengemeinschaft. Gleichfalls sind sie nicht auf die gleiche Linie wie die Katharer-Bewegung zu stellen, die sich in etwa zur gleichen Zeit herausbildete und ein anderes religiöses Weltbild vertraten. Neben Predigt und Armut können als Kernmerkmale die Berufung

---

[17] Ursula Olschewski, „Armutsbewegungen im Mittelalter:Bibelwissenschaft.de", 2018, http://www.bibelwissenschaft.de/stichwort/200300/.

[18] „Geschichte der Waldenser:Virtuelles Museum des Protestantismus", zugegriffen 17. Mai 2018, https://www.museeprotestant.org/de/notice/geschichte-der-waldenser/.

auf die Bibel, aber auch die Ablehnung von Eiden, Heiligenverehrung und Fegefeuer genannt werden, also Ansichten, die auch bei den späteren Reformatoren wiederzufinden sind. Als *„eine[r] religiöse[n] Bewegung [...war es den...] Waldensern [...] immer wichtig, dem Evangelium treu zu folgen [...und dabei...] weder Macht noch Gewalt [...auszuüben; nach dem Grundprinzip der persönlichen...] Verantwortung für die Gemeinschaft [...] und Religionsfreiheit.“*[19]

3.1.4. Humanismus

In dem Rückbezug auf die Ideale der Antike ist ab dem 14. Jahrhundert der *„Humanismus [...als eine...] in Erscheinung tretende Kulturbewegung [...entstanden...], die den Menschen ins Zentrum der Betrachtung“*[20] rückt. Diese Rückbesinnung hat im 15. und 16. Jahrhundert dazu geführt, dass eine *„energische Rückwendung zu den biblischen Quellen in ihrer Ursprache und dabei eine kritische Beschäftigung mit der Textüberlieferung“*[21] möglich wurde. Etwas, was man als Grundlage und Voraussetzung für die neuen Wege in der Exegese - mit denen man sich von traditionellen Formen loslöste - betrachten kann. Als bekannte Vertreter des Humanismus zur Zeit der Reformation sind Erasmus von Rotterdam und Johannes Reuchlin zu nennen. Man kann sagen, dass die humanistische

---

[19] „Die Waldenser:Geschichte und Gegenwart".
[20] Uwe Herrman, *Taschenbuch theologischer Fremdwörter* (Gütersloh: Gütersloher Verlagshaus, 2005), 107.
[21] Stephan Bitter, „Epochen der christlichen Bibelauslegung:www.bibelwissenschaft.de", 2006, http://www.bibelwissenschaft.de/de/stichwort/10535/.

Bildung und Ausrichtung einen Umkehr- oder Neuprozess einleitete. Einen Prozess, der dazu führte, dass die im Vorfeld der Reformation bis dahin vorherrschenden scholastischen Denkmodelle, wie etwa die eines Thomas von Aquin, unter den Gelehrten und Gebildeten größtenteils keine Anwendung mehr fanden. Die – sehr vereinfacht gesagt – auf Logik basierenden Denkmodelle in einer Erörterungsform von Rede und Gegenrede, in der sich u.a. Vernunft und Glaube gegenüberstanden, wurden abgelöst durch einen *"kirchlichen, christlichen Humanismus."*[22] Eine der Zielsetzungen, eine *„Vereinfachung und größere Lebensnähe"*[23] der biblischen wie auch der antiken Botschaften herbeizuführen, entwickelte schließlich ein neues Menschenbild. In diesem Zusammenhang können auch die von Humanisten geschriebenen Dunkelmännerbriefe gesehen werden, die in direktem Zusammenhang mit dem Ketzerprozess gegen Reuchlin stehen.

Der Humanismus selber war keine eigenständige Reformationsbewegung, sondern kann als Bestrebung gesehen werden, die *„humane Kultur in den Mittelpunkt [...zu stellen. Sie...] stellte sich gegen den Anspruch der Kirche, die Welt von ihren Dogmen her zu bestimmen, zu regulieren und zu bestimmen."*[24] Nach anfänglich starker Zustimmung der Humanisten zur Reformation Luthers kam es später zum Bruch zwischen den Parteien; ausgelöst durch einen Disput zwischen Martin Luther und Erasmus von Rotterdam.

---

[22]   Erwin Fahlbusch, Hrsg., *Taschenlexikon Religion und Theologie*, 4.
      Aufl., Bd. 2 E-I (Göttingen: Vandenhoeck & Ruprecht, 1983), 293.
[23]   Ebd.
[24]   Claussen, *Die 95 wichtigsten Fragen:Reformation*, 21.

3.2. Die Reformation im 16. Jahrhundert

Wenn man nach Gründungsvätern und -orten der heutigen reformatorischen Kirchen fragt, dann werden in den meisten Fällen drei Personen und Orte genannt. Die Anfänge der evangelisch-lutherischen Kirchen haben ihren Ausgangspunkt in Wittenberg mit dem Reformator Martin Luther. Die evangelisch-reformierten Kirchen haben ihren Anfang in den Städten Zürich und Genf mit den Reformatoren Huldreich Zwingli und Johannes Calvin. Alle drei prägten die Entwicklung des Protestantismus im deutschsprachigen Raum und dem heutigen Deutschland. Festhalten muss man aber, dass es neben den drei genannten Personen noch zahlreiche weitere Persönlichkeiten gab, die für die Ausbreitung der reformatorischen Ideen und einer reformierten oder lutherischen Theologie sorgten. Zudem sollte man nicht unterschätzen, dass es den Reformatoren nicht ausschließlich um einen Protest gegen vorherrschende Missstände ging, sondern dass in der Neuausrichtung ein *„grundsätzlicher Einspruch gegen das herkömmliche Verständnis des Christentums"*[25] verankert ist. In diesen Zusammenhang kann man auch die englische Entwicklung sehen, die im Gegensatz zur Entwicklung im deutschsprachlichen Raum keine theologische oder kirchenkritische Begründung hatte, sondern vielmehr eine *„kirchenpolitische Trennung Englands von Rom"*[26] durch Heinrich VIII. darstellt. Für die Darstellung aller Facetten und theologischen Feinheiten der reformatorischen Ansätze oder aller evangelischen

---

[25] Ebd., 27.
[26] Kurt Dietrich Schmidt, *Grundriß der Kirchengeschichte*, 4. Aufl. (Göttingen: Vandenhoeck & Ruprecht, 1963), 371.

Kirchen empfiehlt sich weiterführende Literatur. Im Folgenden sollen nur die für diese Abhandlung wichtigsten theologischen Merkmale herausgearbeitet werden.

3.2.1. Martin Luther

Der eigentliche Beginn der Reformation wird häufig mit dem Thesenanschlag in Wittenberg am 31. Oktober 1517 in Verbindung gebracht. Die Frage dabei, ob die Thesen an die Tür der Schlosskirche angeschlagen wurden oder nicht, ist für die nachfolgenden Entwicklungen innerhalb der Kirchen nicht ausschlaggebend. Wichtig ist vielmehr, was Luther mit seinem angestrebten akademischen Disput über den Ablass bewirkte und welche Theologie sich in den Jahren danach daraus entwickelte.

Mit seinem Namen sind heute nicht nur der konfessionelle Kirchenname *evangelisch-lutherisch* verknüpft, sondern vor allen Dingen verschiedene theologische Entwicklungen, die zu einer Neuausrichtung der kirchlichen Landschaft beitrugen. Im Laufe der Auseinandersetzung mit Papst und Kurie haben sich Kernpunkte herausgeschält, die man als reformatorische Kennzeichen des Luthertums bezeichnen kann. Zu diesen Merkmalen gehören die *„drei sogenannten Exklusiv-Partikel"*[27] oder auch *sola/solus*-Grundsätze, die eine Zusammenfassung der lutherischen Theologie darstellen.

---

[27] Wiebke Bähnk u. a., *Evangelischer Erwachsenen Katechismus*, hg. von Andreas Bummer, Manfred Kießig, und Martin Rothgangel, 9. Aufl. (Gütersloh: Gütersloher Verlagshaus, 2013), 291.

Ein wichtiger Bestandteil dieser Theologie ist das von Luther entwickelte oder auch wiederentdeckte Gerechtigkeitsverständnis. Danach ist ein Mensch nicht durch seine eigenen Leistungen, sondern vielmehr nur auf Grund der Gnade Gottes gerecht. Voraussetzung dieses *sola gratia*-Prinzips ist der Ansatz, dass der eigentliche *„Grund der Rechtfertigung [...] Christus allein"*[28] ist, was man als *solus Christus* charakterisiert. Diese Erkenntnis führt Luther auf einen Abschnitt im Römerbrief [Röm 4,25] zurück. Die Rechtfertigung vor und Gnade durch Gott wird dem Menschen durch seinen Glauben, *sola fide*, geschenkt. Genau hier liegt auch die Sprengkraft der 95 Thesen und anderer Schriften Luthers oder der Funke, der vorher zur Reformation selber gefehlt hatte. Luther definiert damit letztlich ein Christentum, für das die kirchliche Struktur mit Papst und Bischöfen für das Heil der Menschen – im weitesten Sinne - nicht benötigt wird. Diese Gnade ist zudem nicht käuflich, weder durch Geld, noch Taten noch andere Leistungen.

Eine Ergänzung der Exklusiv-Partikel findet sich in dem sogenannten *sola scriptura*-Prinzip, wonach die Quelle der Erkenntnis oder Offenbarung für den Menschen allein in der Heiligen Schrift zu finden ist. Nicht die kirchliche Tradition, sondern die Schrift selber gibt Auskunft darüber, was richtig ist und was geglaubt werden soll. Diese Ansätze stehen in unmittelbarer und unauflösbarer Verbindung zueinander und geben den *„christliche[n] Glaubenswahrheiten eine neue Struktur"*[29], auf denen Luthers

---

[28] Ebd.
[29] Ebd., 636.

gesamte Theologie aufbaut, die auch die Basis der Theologie von Zwingli und Calvin bildet.

Als Merkmal der lutherischen Neuausrichtung kann man dann auch die konsequente Umsetzung auf Grundlage der Erkenntnisse zählen, die sich etwa in der Reduktion auf zwei Sakramente (Abendmahl und Taufe) widerspiegelt. Nur diese beiden, so die Auffassung Luthers, seien biblisch begründet. Alles, was durch die Heilige Schrift nicht begründbar oder lediglich Tradition ist, wird von Luther als Maßstab abgelehnt. Das heißt, alles ist auf das *„Evangelium ausgerichtet, [...] auf die frohe Botschaft von Jesus als dem Christus.“*[30] In diesem Zusammenhang finden sich weitere Schwerpunkte wie Gottesdienst in der Landessprache, Priestertum aller Getauften – damit einhergehend auch die Abschaffung des Zölibats - und eine Glaubensfreiheit, wie sie entsprechend der Schrift *»Von der Freiheit eines Christenmenschen«* verstanden wird.

3.2.2. Huldreich Zwingli

Es gibt unterschiedliche Auffassungen, ab welchem konkreten Zeitpunkt Zwingli als Reformator angesehen werden kann. Je nach Auffassung und Ansatz ist dies, wie auch bei anderen *Stadtreformatoren*, nicht eindeutig zu klären.[31] Zwingli selber bemühte sich immer wieder, seine reformatorischen Entdeckungen

---

[30] Andreas Rössler, *Evangelisch-Katholisch:Grundlagen Gemeinsamkeiten Unterschiede*, 3. Aufl. (Gütersloh: Gütersloher Verlagshaus, 2006), 28.

[31] Siehe hierzu u.a. Kaufmann, *Erlöste und Verdammte: Eine Geschichte der Reformation*, Kap. 7. Zwingli und die Züricher Stadtreformation: Der Leutpriester am Großmünster, Pos. 252,7 / 979.

losgelöst von Luthers Erkenntnissen aufzuzeigen[32], teilweise sogar bewusst dadurch, dass er sie vor das Jahr 1517 legte. Erkennbar ist, dass Zwinglis und Luthers Erkenntnisse teilweise auf gleiche Ausgangspunkte zurückgehen, auch wenn bei ihnen gegensätzliche Motivationen vorlagen. So war Luther geprägt durch seine persönliche Suche nach einem gerechten Gott und Zwingli durch seine Erfahrungen als Feldprediger. Gesichert ist, dass seine *„reformatorische Grunderkenntnis [...] in der Hinwendung zur Bibel"*[33] erfolgte, genauso wie etwa die Tatsache, dass seine theologischen Ansätze durch verschiedene Begleitumstände beeinflusst wurden. Erkennbar sind in seinen Arbeiten humanistische Einflüsse, geprägt durch die enge Freundschaft zu Erasmus von Rotterdam. Gleichermaßen sind Beeinflussungen durch seine intensive Beschäftigung mit den Kirchenvätern oder aber auch zahlreiche Verbindungen zu Martin Luther erkennbar, dessen Studien und Schriften er bewiesenermaßen ausgiebig studierte. Es bildeten sich jedoch bei Zwingli eigenständige theologische und gesellschaftliche Schwerpunkte heraus. So sieht er zwar wie Luther, dass der *„Friede mit Gott [...] nur durch seine Gnade [erfolgen kann und] nicht aufgrund menschlichen Tuns."*[34] Dennoch stellt für ihn die Rechtfertigungslehre, im Gegensatz zur Allmacht Gottes, keinen zentralen Begriff dar.[35] Ab dem Jahr 1526 verstärkt sich vielmehr in

---

[32] Ulrich Gäbler, *Huldrych Zwingli: eine Einführung in sein Leben und sein Werk*, 3. Aufl. (Zürich: Theologischer Verlag Zürich, 2004), 46ff.

[33] „Huldreich Zwingli", zugegriffen 19. Mai 2018, https://www.reformiert.de/huldreich-zwingli.html.

[34] Veit-Jakobus Dieterich, *Die Reformatoren* (Reinbek bei Hamburg: Rowohlt Taschenbuch Verlag, 2002), 48.

[35] Ulrich Becker, Eugene L. Brand, Carsten Colpe, u. a., *Evangelisches Kirchenlexikon:Internationale theologische Enzyklopädie*, hg. von

seiner Theologie der Ansatz der Prädestinationslehre, die auch für Calvins Theologie und den Calvinismus eine zentrale Bedeutung hat. Demnach sind die Menschen ausschließlich durch die Erwählung und den Willen Gottes erlöst oder verworfen. Während bei Calvin die Verwerfung durch Gott vordergründig ist, hat Zwingli ein eher positives Bild von der Erwählung durch Gott.

Ab dem Jahr 1522 machte Zwingli zunächst durch symbolische Handlungen auf sich aufmerksam, die sich gegen kirchliche Gepflogenheiten und Praktiken richteten wie etwa dem Verzicht auf den Genuss von Wurstspeisen in der Fastenzeit. Ab 1523 hatte Zwingli bereits *„ein klares Reformationsprogramm"*[36], das er in Disputationen und Schriften ausbreitete. Stärker und zielgerichteter als in der von Wittenberg ausgehenden Reformation setzte er, gestützt vom Rat der Stadt Zürich, seine Anliegen durch. Abgelehnt wurden, weil nicht mit der Schrift begründet, u.a. *„Priestertum, Ordensgelübde und traditionelle Messopferlehre, Prozessionen, Ablass, Bilderverehrung und Wallfahrten."* [37]

Für Zwingli, dessen Werke im Titel immer den Vers 11,28 des Matthäusevangeliums zeigen, ist bezeichnend, dass für ihn der Heilige Geist eine stärkere Wirkkraft für das Hervorrufen des Glaubens hat, als es durch das Wort Gottes oder die Sakramente geschehen kann. Trotz dieser Auffassung sah er in der Heiligen Schrift den alleinigen normativen Charakter, nicht aber in den

---

Erwin Fahlbusch u. a., 3. Aufl., Bd. 4 S-Z (Göttingen: Vandenhoeck & Ruprecht, 1996), 1427–28.

[36] Dieterich, *Die Reformatoren*, 51.

[37] Jörg Ernesti, *Konfessionskunde Kompakt:Die christlichen Kirchen in Geschichte und Gegenwart*, Grundlagen Theologie (Freiburg im Breisgau: Herder, 2009), 135.

Traditionen oder kirchlichen Gesetzen. Die Heilige Schrift stellte dabei für ihn mit Alten und Neuen Testament eine untrennbare Einheit mit nur *einem Bundesschluss* dar. So sagt er, dass in der Heiligen Schrift die alleinige Wahrheit von Gott eingeflossen ist, über der nichts anderes stehe. Diese Wahrheit könne jedem Menschen durch den Heiligen Geist offenbart werden.

In den Sakramenten offenbart sich für Zwingli allerdings, im Gegensatz zu Luthers Ansicht, keine Heilszusicherung, *„sondern sie sind [für ihn] einfach Abzeichen, an denen Christen erkannt werden."*[38] Besonders deutlich ist dies erkennbar in seinem Verständnis der Taufe, die keine Erlösung verspreche, wie auch in dem Streit über das Wesen des Abendmahls, der die Anhänger Luthers und Zwinglis bis in das Jahr 1973 trennte.

3.2.3. Johannes Calvin

Thomas Kaufmann beschreibt, dass ab 1559 die Genfer *„Akademie Johannes Calvins und Theodor Bezas [...genauso wichtig für den...] europäischen Calvinismus [wurde,] wie Wittenberg für das europäische Luthertum."*[39] Calvin hat - als *„der Nachzügler unter den Reformatoren"*[40] - wie Luther seine reformatorischen Einsichten durch die Beschäftigung mit der Sünde erlangt. Obwohl

---

[38] Becker, Brand, Colpe, u. a., *Evangelisches Kirchenlexikon:Internationale theologische Enzyklopädie*, 4 S-Z:1428.
[39] Kaufmann, *Erlöste und Verdammte: Eine Geschichte der Reformation*, Kap. IV. Das Reformatorische Europa bis 1600: 1. Sprache, Bildung, Recht: Die Religionskulturelle Neuordnung, Pos. 350,7 / 979.
[40] Dieterich, *Die Reformatoren*, 86.

er wie Zwingli *„nie ein reguläres Theologiestudium absolvierte"*[41], schuf Calvin *„eine erste Systematisierung der reformatorischen Hermeneutik."*[42] *Seine exegetischen Studien und Kommentare zu fast allen Büchern der Bibel stellen „einen zentralen Arbeitsschwerpunkt [seines Schaffens]"*[43] *dar.* In mehreren Iterationsschritten erarbeitete er bis zu seinem Tod die »*Institutio Christianae Religiones*« als Hauptwerk seiner theologischen Erkenntnisse und Ansichten. Dieses Werk kann man als *„bedeutendste Dogmatik der Reformationszeit"*[44] bezeichnen. In ihm beschäftigt er sich u.a. auch mit der vom Trienter Konzil aufgeworfenen Lehramtsfrage oder der Frage nach der Autorität, welche die richtige von der falschen Wahrheit trennt. Calvin argumentiert wie auch bereits Zwingli, dass diese Aufgabe dem Heiligen Geist zuteilwird. So ist es seiner Auffassung nach - *„in Abgrenzung [...vom...] römisch-katholischen [...] Lehramt und Tradition [- der Heilige Geist, der dem] Leser die Schrift als gültige göttliche Offenbarung in Jesus Christus erkennen"*[45] *lässt.*

---

[41] Ebd., 88.
[42] Peter Stuhlmacher, *Vom Verstehen des Neuen Testaments:Eine Hermeneutik*, hg. von Gerhard Friedrichs, 2. Aufl., Grundrisse zum Neuen Testament:Das Neue Testament Deutsch - Ergänzungsband 6 (Göttingen: Vandenhoeck & Ruprecht, 1986), 108.
[43] Andreas Mühling, „Calvin, Johannes (1509-1564):Version des Artikels vom 10.10.2017", 2008, https://www.bibelwissenschaft.de/stichwort/15813/.
[44] Ulrich Becker, Eugene Brand, Faith E. Burgess, u. a., *Evangelisches Kirchenlexikon:Internationale theologische Enzyklopädie*, hg. von Erwin Fahlbusch u. a., 3. Aufl., Bd. 1 A-F (Göttingen: Vandenhoeck & Ruprecht, 1986), 622.
[45] Mühling, „Calvin, Johannes (1509-1564):Version des Artikels vom 10.10.2017".

Calvin brach radikaler mit der römischen Kirche und dem Papsttum als etwa Luther. So baute er beispielsweise den Gottesdienst mit einer Liturgie derart um, dass sich „die Predigt [...] konkurrenzlos [in den] Mittelpunkt"[46] des Wortgottesdienstes stellt. Traditionelle kirchliche Elemente wie etwa der liturgische Wechselgesang werden in den Gottesdienst nicht mit aufgenommen. Bezeichnend für Calvins theologische Ausrichtung ist aber die Entstehung einer strengen Kirchenordnung, die u.a. eine starke Einbindung der Gemeinde in die Leitung der Kirchen vorsieht und ein bischöfliches Leitungsgremium ablehnt. Durch die Ordnung und der daraus entstehende Kirchenzucht wird eine zentrale Instanz geschaffen, die dazu dient, dass die „Herrschaft Christi nicht beeinträchtigt wird [, indem man die] menschliche Herrschaft"[47] begrenzt und kontrolliert. Der antihierarchische Gemeindeleitungsansatz verbietet somit eine Rangbildung innerhalb der Gemeinden und auch der späteren calvinistisch geprägten reformierten Kirchen selber. Gleichermaßen dient Calvin die Ordnung und Kirchenzucht nicht nur dazu, „moralische Übertretungen [...] auszumerzen, sondern [vor allen Dingen] auch falsche Lehren"[48] zu unterbinden wie etwa im Streit mit Hieronymus Bolsec über die doppelte Prädestinationslehre.

Diese Erwählungstheologie bzw. doppelte Prädestinationslehre hat bereits zu Zeiten Calvins nicht überall Zustimmung gefunden. Danach hat Gott in seiner Allmacht bereits

---

[46]   Fahlbusch, *Taschenlexikon Religion und Theologie*, 1983, 1 A-D:235.

[47]   Ebd.

[48]   Ernesti, *Konfessionskunde Kompakt:Die christlichen Kirchen in Geschichte und Gegenwart*, 138.

vor Ewigkeiten einen Teil der Menschen erwählt und den anderen Teil verworfen. Dieser Vorherbestimmung kann der Mensch weder entkommen noch in irgendeiner Form entgegenwirken, weder durch gute Taten noch besonderes christliches Leben. Ebenso wenig kann der Mensch sicher sein, ob er zu den Verworfenen oder Erwählten gehört. Trotz allem, so Calvin, muss der Mensch Gott die Ehre geben und sein Leben an ihm ausrichten. Gegner Calvins, wie etwa Bolsec, sahen in dieser theologischen Ansicht einen Ansatz, in dem Calvin Gott selber als den „Urheber der Sünde und zu einem Tyrannen"[49] macht.

Calvins Ansatz der Erwählung steht konträr zu Luthers Rechtfertigungslehre. In der Abendmahlsfrage steht er dann allerdings näher an Luther als an Zwingli, auch wenn beide in dieser Frage keine Übereinkunft schafften. Calvin sieht die Realpräsens Christi durch den Heiligen Geist bzw. als Christi im Geist gegeben und widerspricht damit Luther, der diese auch in den Elementen Brot und Wein sieht.

Wie auch bei den anderen Reformatoren baut Calvins Theologie allein auf der Heiligen Schrift auf und lehnt nicht biblisch begründete Tradition ab. Altes und Neues Testament bilden bei ihm eine Einheit und er sieht darin - wie schon Zwingli - einen einzigen Bundesschluss mit Gott. Maßstab für Ritus, Leben und Glauben - wie auch für die Ordnung der Gemeinde - können gemäß Calvin weder Tradition noch Papsttum sein, sondern ausschließlich die Heilige Schrift in der Führung durch den Heiligen Geist. Radikaler noch als

---

[49]   Peter Opitz, *Leben und Werk Johannes Calvins* (Göttingen: Vandenhoeck & Ruprecht, 2009), 99.

Luther lehnte Calvin das Mönchtum ab, weil er dies als nicht biblisch begründet ansah, so wie er auch das unerlässliche Bilderverbot in den Kirchen alttestamentlich begründete.

3.2.4. Entwicklung unter Heinrich VIII.

Zeitgleich mit den reformatorischen Entwicklungen auf dem europäischen Festland kam es auch in England zu Veränderungen und Neuerungen. Bedeutsam ist aber hier, dass die Entwicklung nicht aus einer theologischen Fragestellung oder einer generellen Ablehnung des Papsttums und der römischen Kirche hervorging. Sicherlich spielte die bereits im 14. Jahrhundert einsetzende Tendenz zu unabhängigen Nationalkirchen eine Rolle, ausschlaggebend war aber die Heiratspolitik König Heinrich VIII., die eine *„auf nationale Unabhängigkeit [...zielende...] Kirchenpolitik"*[50] auslöste. Vereinfacht ausgedrückt führte die päpstliche Ablehnung der Annullierung der königlichen Ehe in England zur Ablehnung und Absetzung des Papstes als Oberhaupt in kirchlichen Belangen. Diese Stellung nahm der König per Gesetzesbeschluss, dem sogenannten *»Act of Supremacy«,* ab 1534 selber ein. Der König wurde damit zum Oberhaupt der *Church of England* die auch als anglikanische Kirche bezeichnet wird.

In ihren Anfängen hat die anglikanische Kirche keine besonderen reformatorischen Erneuerungen hervorgebracht. Sie unterschied sich von der katholischen Kirche prinzipiell nur in der

---

[50] Ernesti, *Konfessionskunde Kompakt:Die christlichen Kirchen in Geschichte und Gegenwart,* 168.

Ablehnung des Papsttums und war darüber hinaus gekennzeichnet von der Auflösung der Klöster, deren Besitz zunächst an die Krone fiel. Eine theologische Überzeugung und Ablehnung des Mönchtums, wie etwa bei Luther, Zwingli oder Calvin, kann eher als zweitrangig angesehen werden. Es setzte sich damit vielmehr eine Entwicklung fort, die bereits bei der Aneignung von Klostergütern während des vorangegangenen englisch-französischen Kriegs eine Rolle spielte. So schlugen auch Bestrebungen durch Thomas Cromwell fehl, Elemente der Reformation des europäischen Festlandes in England zu integrieren. Erst in den Jahren nach dem Tod Heinrich VIII. kam es zu Änderungen, u.a. unter Leitung des Erzbischofs Thomas Cranmer. Es entstanden ein eigenständiges Glaubensbekenntnis, 42 Artikel u.a. mit der lutherischen Rechtfertigungslehre und dem calvinistischen Abendmahlsverständnis und das *»Book of common prayer«*. Der Einfluss der lutherischen Lehre, ausgehend von der Universität Cambridge, wurde im Laufe der Zeit aber durch *„Einwirkungen Zwinglis und Calvins abgelöst."*[51] Im Gegensatz zu der Entwicklung auf dem europäischen Festland hatten die Reformbestrebungen in England in der breiten Bevölkerung keinen großen Rückhalt.

Nach einer kurzzeitigen Wiederhinwendung Englands zum *Katholizismus*, der sogenannten *„Restaurationsphase unter Maria der Katholischen"*[52], kam es unter Königin Elizabeth I. erneut zur Rückführung zum Protestantismus und zu einer kirchlichen Ausformung, auf welche die anglikanische Kirche bis heute aufbaut.

---

[51] Heussi, *Kompendium der Kirchengeschichte*, 322.
[52] Ernesti, *Konfessionskunde Kompakt:Die christlichen Kirchen in Geschichte und Gegenwart*, 170.

Zu den Änderungen gehörte u.a. die Reduzierung der Sakramente auf Taufe und Abendmahl, Einführung der englischen Sprache in den Gottesdienst, aber auch der Laienkelch. Anders als bei Luther, Zwingli und Calvin gibt es aber keine generelle Ablehnung traditioneller Elemente. So hat der theologische Ansatz Cranmers, dass man *„an den Lehren und Gebräuchen der Kirche nichts [...ändern müsse, als...] was dem Worte Gottes widerspräche, und nichts festsetzen, was Gott nicht selbst in seinem Wort festgesetzt hätte"*[53], bis heute Auswirkung auf das anglikanische Kirchenverständnis. Dies mag auch der Grund dafür sein, dass es zur Verbindung *„katholische[r] und protestantische[r] Elemente"*[54] gekommen ist.

In der anglikanischen Theologie haben sich im Laufe der Zeit verschiedene Ausprägungen herausgebildet. Hierbei sei zunächst die *Low Church* zu nennen, die am ehesten als reformatorische Kirche bezeichnet werden kann. Im Gegensatz dazu steht die *High Church*, die *„in Theologie und Liturgie [...an die...] katholische Vergangenheit"*[55] anknüpft, ohne aber das Papstamt anzuerkennen. Die *Broad Church* ist zwischen *Low* und *High Church* anzusiedeln.

In der deutschen Kirchenlandschaft spielen die anglikanischen Kirchen eine untergeordnete Rolle und sind auch nicht in die Strukturen der VELKD oder EKD eingebunden. Sie zeigen aber in ihrer besonderen Form eine große Spannweite von

---

[53] Fahlbusch, *Taschenlexikon Religion und Theologie*, 1983, 1 A-D:70.
[54] Ernesti, *Konfessionskunde Kompakt:Die christlichen Kirchen in Geschichte und Gegenwart*, 171.
[55] Ebd., 176.

orthodoxen bis zu evangelikalen-christlichen Glaubensstrukturen und Überzeugungen, die alle nebeneinander Platz finden. Das heutige anglikanische Ordensleben, entstanden aus der Oxford-Bewegung des 19. Jahrhunderts, knüpft meist an Strukturen und Gemeinschaften vor-reformatorische Ordensgemeinschaften an. Die Rechtfertigungslehre und die Autorität der Heiligen Schrift ist wie auch bei anderen reformatorischen oder protestantischen Kirchen von zentraler Bedeutung. Das Verständnis der dreigeteilten kirchlichen Ämter (Bischof, Priester und Diakon) mit apostolischer Sukzession ist dagegen eher aus der katholischen Tradition begreifbar. Das Selbstständigkeitsprinzip der einzelnen Diözesen findet man wiederum in den verschiedenen Orthodoxen Kirchen wieder.

3.3. Entwicklung nach der Reformationszeit

3.3.1. Reformatorische Kirchenentwicklungen

Es steht außer Frage, dass innerhalb der reformatorischen Bewegungen unterschiedliche Standpunkte vertreten wurden. Ebenso gibt es in einigen Punkten Uneinigkeit, beispielsweise in den Fragen von Abendmahl (Realpräsenz oder Gedächtnismahl) und Taufe (Kinder- oder Erwachsenentaufe). Festzuhalten ist auch, dass verschiedene *„theologische Auffassungen zu einer Frage [, ...in der Einzelne oder eine Gruppe eine...] Schlüsselbedeutung "*[56] sehen, bereits vor der Reformationszeit, aber auch bis in die jüngste Vergangenheit zur Bildung von Konfessionskirchen oder Denominationen und erneuten Abspaltungen führten. Das Spektrum dabei ist weitreichend und geht von einem ultra-konservativen und evangelikalen bis zu einem liberal-toleranten und progressiven Christentum, mit den verschiedensten Schattierungen dazwischen.

Durch eigene Positionsbestimmung kommt es ferner zwangsläufig auch zu Abgrenzungen untereinander bzw. innerhalb der evangelischen Kirchen. Eine Entwicklung, die durch ein nicht vorhandenes zentrales Lehramt innerhalb der reformatorischen Kirchen sicherlich noch begünstigt wird, aber genauso innerhalb der röm.-kath. Kirche anzutreffen ist. Bereits zu Zeiten Luthers, Zwinglis oder Calvins gab es abweichende Überzeugungen wie etwa die Bewegung der Wiedertäufer. Nach dem 16. Jahrhundert entstanden weitere reformatorische Gemeinschaften, Gruppen und Kirchen mit

---

[56] Andreas Rössler, *Kleine Kirchenkunde:Ein Wegweiser durch die christlichen Konfessionen und Sondergemeinschaften*, 2. Aufl., Bd. 64, ctb (Stuttgart: Calwer Verlag, 1999), 17.

eigener reformatorischer Tradition. Festhalten kann man daher, dass es keine gleichförmige und einheitliche evangelische Kirche wie auch keine einheitliche reformatorische Tradition gibt. Die evangelischen Kirchen gründen sich, so kann man sagen, auf einer großen Vielfalt unterschiedlicher Auffassungen, die auf der jeweiligen eigenen Lesart der Heiligen Schrift basieren. In den noch folgenden Betrachtungen der Spannungsfelder muss man dies berücksichtigen.

Nicht nur die reformatorischen Erkenntnisse, sondern auch unterschiedliche Auslegungen führen zu unterschiedlichen Lebenseinstellungen, wie sie etwa auch im Pietismus zu finden sind, einer Bewegung, deren Anfänge bis in das 17. Jahrhundert zurückgehen und in der u.a. die Wiederbelebung *„urgemeindlicher, geistlicher Gemeinschaft [...im Fokus stand, wie auch.] das Bekehrungserlebnis"*[57] zur Glaubenserweckung des Einzelnen. Bekannte Vertreter des Pietismus sind u.a. Philipp Jakob Spener und August Hermann Francke wie auch Nikolaus Graf von Zinzendorf, dessen Name untrennbar mit der Brüderunität verbunden ist. Als ein bis in die heutige Zeit prägendes Merkmal des Halleschen Pietismus können die *„Reformpläne für das [...] Bildungswesen"*[58], die Unterstützung von Auslandsgemeinden und die Aufnahme der Missionstätigkeit gesehen werden. Gerade Letzteres war bis in das 18. Jahrhundert kein primär-reformatorisches Anliegen.

---

[57]   Stefanie Pfister und Matthias Roser, „Pietismus", 2017,
       http://www.bibelwissenschaft.de/stichwort/100275/.
[58]   Fahlbusch, *Taschenlexikon Religion und Theologie*, 1983, 4 N-R:116.

3.3.2. Sonstige Entwicklungen

Im Laufe der Zeit formten sich noch weitere reformatorische oder auch protestantische Kirchen. So entstand bereits zur Reformationszeit ein radikaler oder auch linker Flügel der Reformation, der bis in die heutige Zeit durch die Freikirchen der Mennoniten, Church of the Brethren (Kirche der Brüder) oder Quäker besteht. Man kann diese Kirchen ebenfalls als Friedenskirchen bezeichnen, weil sie *„Kriegsdienst und Eid [...ablehnen und für...] Religionsfreiheit [...und..] Trennung von Staat und Kirche"*[59] eintreten.

Zu den Täufer-Bewegungen müssen die Baptisten gezählt werden, die zu Beginn des 17. Jahrhunderts entstanden. Sie praktizieren die Erwachsenen- und vor allem die Glaubenstaufe, in der ein Taufbegehrender seine Taufe immer als bewusste Entscheidung entgegennimmt. Daher erfolgt bei einem kirchlichen Übertritt zu den Baptisten in den meisten Fällen auch eine erneute Taufe, weil die Kindstaufe nicht anerkannt wird. Die Praxis der Wiedertaufe wurde von Luther, Zwingli und Calvin entschieden abgelehnt und sorgt auch in der heutigen Zeit noch für Missstimmung unter den christlichen Kirchen, besonders weil diese die Taufe in den meisten Fällen untereinander anerkennen.

Zu den bereits genannten kann man noch weitere Kirchen und Gruppen zählen, die ihre jeweils eigenen Ausprägungen gelebten Glaubens gefunden haben. Hierzu gehören etwa Methodisten, Christliche Unitarier, Siebenten-Tags-Adventisten genauso wie die

---

[59]   Rössler, *Kleine Kirchenkunde:Ein Wegweiser durch die christlichen Konfessionen und Sondergemeinschaften*, 64:95.

Heilsarmee oder die Pfingstbewegung. Eine abschließende Auflistung würde den Rahmen dieser Arbeit sprengen. Es zeigt sich aber bereits hier, dass die aus der Reformation hervorgegangenen Kirchen sowie die auf Basis reformatorischer Ideen gegründeten Kirchen und Gemeinschaften ein breites Spektrum reformatorischer Tradition ergeben.

3.4. Reformatorische Schrift- und Auslegungstradition

Seit der Reformationszeit haben sich die verschiedensten Gottesdienstformen, rituellen Handlungen und Gemeindeformen wie auch unterschiedlichstes geistlich-spirituelles Leben in den evangelischen Kirchen herausgebildet. Dies betrifft auch die Praxis der Bekenntnisschriften. Sie geben für die jeweiligen evangelischen Kirchen eine verbindliche Orientierung und Ausrichtung. Das kann man als Basis für die reformatorischen Traditionen verstehen.

Grundsätzlich kann man sagen, dass Bekenntnisschriften, die *„in der Reformationszeit [...entstanden sind, ...] Zusammenfassungen des evangelischen Glaubens"*[60] bedeuten, auch wenn die verschiedenen evangelischen Kirchen auf unterschiedliche Schriften verweisen. So werden nicht alle lutherischen Bekenntnisschriften, wie etwa Abhandlungen, die im Konkordienbuch von 1580 zusammengefasst wurden, in allen Gliedkirchen der EKD, VELKD und UEK vollumfänglich anerkannt. Hier zeigt sich bereits ein Problem der evangelischen Kirchen, dass letztlich auch die evangelischen Gemeinschaften trifft: Es gibt, wie bereits an anderer Stelle erwähnt, keine übergeordnete Kontroll- oder Steuerungsinstanz, die evangelische Tradition genau festschreibt oder definiert was evangelische Tradition ist. Andererseits kann man aber auch genau darin einen von den Reformatoren gewollten Unterschied zwischen Papsttum und mündigem Christentum sehen.

Wichtige Schriften in der reformatorischen Tradition sind ungeachtet der Anerkennung einzelner Landeskirchen im Anhang

---

[60]   Bähnk u. a., *Evangelischer Erwachsenen Katechismus*, 973.

aufgeführt. In ihnen setzen sich die Reformatoren mit dem Glauben, dem Glaubensverständnis, der Beziehung von Mensch zu Gott und auch mit Unzulänglichem und Missständen innerhalb der Kirche auseinander. Sie sind gleichzeitig immer als Ordnungen für die Gemeinden, als Bekenntnisse und Lehrzeugnisse zu verstehen.

Man muss allerdings hervorheben, dass nur in den lutherischen Landeskirchen die Bedeutung der Bekenntnisschriften einen hohen Stellenwert hat. Anglikanische, aber vor allen reformierte Kirchen sehen in ihnen zwar eine Grundlage, betonen aber auch immer wieder ihre Vorläufigkeit auf der Suche nach einer besseren *„Belehrung aus Gottes Wort.“*[61] Freikirchen wie etwa Mennoniten oder Baptisten haben wiederum ihre eigenen Bekenntnisformulierungen.

Im Laufe der Zeit haben sich aber neben den Bekenntnisschriften auch verschiedene reformatorische Gottesdiensttraditionen mit unterschiedlichen Schwerpunkten herausgebildet. Gleichgeblieben ist in den evangelischen Kirchen immer die Ausrichtung auf das Wort Gottes, das den Gläubigen durch die Heilige Schrift vermittelt wird. Diese Auslegungstradition hat auch dazu geführt, dass man teilweise vom Sakrament des Wortes sprechen kann, weil das Abendmahl – im Gegensatz zur Tradition in der röm.-kath. Kirche - in eine sekundäre Position verschoben wurde.

---

[61] Fahlbusch, *Taschenlexikon Religion und Theologie*, 1983, 1 A-D:157.

3.5. Zusammenfassung der Kernpunkte reformatorischer Tradition

Die Reformation hat als historisches Ereignis zahlreiche Lebensbereiche angegriffen und verändert. Trotz allem sollte man sie nicht nur rein historisch betrachten; es müssen vielmehr die Grundfragen, die sich jede reformatorische Bewegung seit jeher stellt, „*theologisch und weltanschaulich*"[62] beantwortet werden. Darin erkennt man, dass es nicht die <u>eine</u> Reformation mit einer einzigen gültigen Wahrheit gibt.

Festhalten kann man, dass verschiedene Kernpunkte als Erkennungsmerkmal reformatorischer Tradition konfessions- und kirchenübergreifend ersichtlich sind. Auch wenn Gewichtung und Stellung innerhalb der verschiedenen reformatorischen Kirchen unterschiedlich sind, kann man Identifikationsmerkmale nennen, denn im „*Grundbestand der Lehre sind die Familienähnlichkeiten unter den reformatorischen Konfessionsverwandten weit größer, als aufgrund der sonstigen Verschiedenheiten zu vermuten wäre.*"[63]

Hierzu gehört sicherlich der Wunsch, ein auf Christus bezogenes, eigenverantwortliches Gemeinschaftsverhältnis auf Basis der urchristlichen Gemeinde aufzubauen, wie sie verstärkt in der Brüder-Unität zu finden ist. Jedes Glied einer solchen Gemeinschaft nimmt vollumfänglich an dieser Gemeinschaft teil und soll sich mit den Gaben, die ihm von Gott zur Verfügung gestellt werden, einbringen. Es werden keine Mittler (z.B. Heilige, Priester, Bischöfe

---

[62] Schmidt, *Grundriß der Kirchengeschichte*, 272.
[63] Rössler, *Kleine Kirchenkunde:Ein Wegweiser durch die christlichen Konfessionen und Sondergemeinschaften*, 64:67.

oder Papst) benötigt, die zwischen Gott und Mensch vermitteln, um an den Heilsgaben der Kirche Jesu Christi teilzuhaben. Der Mensch ist ferner durch Jesus Christus bereits ohne Vorbedingung erlöst, was sich auch in der Rechtfertigungslehre von Luther widerspiegelt. Davon abgeleitet kann man folgern, dass kein Mensch vor Gott über einen Sonderstatus verfügt, weder durch Weihe, Ordination, ein besonderes Leben noch durch gute Taten. Das bedeutet einerseits, dass niemand durch einen besonderen Stand über einen anderen Menschen steht oder vor Gott besondere Verdienste damit erwirkt. Gerade dieser Punkt ist von der Kritik Luthers am Mönchtum abzulesen und in den Überlegungen zum allgemeinen Priestertum mit eingeflossen. Daraus folgt aber auch andererseits, dass gute Taten, ein frommes Leben nicht die Gnade Gottes bewirken, sondern im Umkehrschluss ein Ausdruck des Dankes für die von Gott erhaltene Gnade darstellen. Dies ist eine Kernthese gegen die Werkgerechtigkeit, denn der *„Mensch kann durch gute Taten nicht gut werden"*[64], die letztlich auch in der Prädestinationslehre durchscheint.

Das Wort Gottes ist in den reformatorischen Kirchen das Fundament des gemeinsamen christlichen Lebens, wie es in der Heiligen Schrift jedem Gläubigen gegeben wird. Die Ausrichtung an diesem Wort Gottes ist die Grundlage für die täglichen, persönlichen und gemeinschaftlichen Entscheidungen, die jeder Gläubige in eigener Verantwortung vor Gott trifft. Martin Luthers *sola scriptura*-Prinzip findet hier seine besondere Bedeutung. Dabei gibt es keine

---

[64] Norbert Dennerlein u. a., *Evangelische Glaubensfiebel:Grundwissen der evangelischen Christen*, hg. von Norbert Dennerlein und Michael Meyer-Blanck (Gütersloh: Gütersloher Verlagshaus, 2006), 14.

allgemeingültige Sicherheit und Weisheit, weil die *„gute Botschaft [...sich immer wieder...] stets neu zeigen und als überzeugend erweisen“*[65] muss. Trotz unterschiedlichem Abendmahlsverständnis eint hier Calvin mit Luther die *„exklusive Wertschätzung der Bibel als Offenbarungszeugnis“*[66], welches dem Getauften durch den Heiligen Geist gegeben wird. Andreas Rössler umschreibt dieses Prinzip, indem er sagt, dass gerade *„die Bibel [...] Glaubensquelle und Maßstab für die christliche Botschaft und Verkündigung“*[67] der evangelischen Kirchen ist.

Im Gegensatz zu den in der römisch-katholisch bekannten sieben Sakramenten wird in den reformatorischen Kirchen fast immer von zwei Sakramenten gesprochen. Eine Ausnahme bilden hier die Quäker, die das Leben selber als Sakrament ansehen. Für die anderen gehören die Taufe – teils als Kindstaufe, teils als Erwachsenentaufe oder Glaubenstaufe vollzogen - und das Abendmahl (in der Spannweite von einem Gedächtnismahl bis zur Auffassung der Realpräsenz Jesu) dazu. Dabei ist die Zahl der Sakramente nicht wirklich begrenzt, sondern *„nach evangelischem Verständnis [...] prinzipiell offen.“*[68] Der heutigen lutherischen Kirchenauffassung nach ist der Sakramentsbegriff weder *„abschließend definiert noch andere Auffassungen mit Verwerfungen belegt.“*[69] Es wird daher auch die Buße in einigen reformatorischen

---

[65]   Ebd., 16.
[66]   Stuhlmacher, *Vom Verstehen des Neuen Testaments:Eine Hermeneutik*, 106.
[67]   Rössler, *Kleine Kirchenkunde:Ein Wegweiser durch die christlichen Konfessionen und Sondergemeinschaften*, 64:70.
[68]   Bähnk u. a., *Evangelischer Erwachsenen Katechismus*, 785.
[69]   Ebd., 786.

Kirchen als Sakrament auf Grundlage der Confessio Augustana verstanden. Andere Sakramente wie sie etwa die röm.-kath. Kirche kennt, werden in den reformatorischen Kirchen meist als Segenshandlungen angesehen und ebenfalls an Wendepunkten des Lebens (z.B. Hochzeit und Tod) vollzogen.

Eine besondere Bedeutung in der reformatorischen Tradition hat der Gottesdienst oder auch die Gemeindeversammlung mit Predigt und Auslegung des Gotteswortes aus der Heiligen Schrift. Hierbei wird die biblische Botschaft aus ihrem ursprünglichen historischen Kontext heraus so vermittelt, dass sie die Hörer in ihrem Lebensumfeld trifft. Das Wort Gottes, so die Idee dahinter, soll in die Gegenwart übertragen werden und seinen Hörern Gottes *„Forderung und [...] Verheißung"*[70] zusprechen.

Grundsätzlich kann gesagt werden, dass sich in den Kernpunkten der reformatorischen Tradition ein weites Spektrum gelebten Glaubens findet. Dies kann in Gestalt eines *„ultrakonservativen Fundamentalismus [...geschehen, aber genauso sich in einem...] religionsphilosophischen Radikalismus [...ihren Weg bahnen, da letztlich sich jegliche...] christliche Wahrhaftigkeit und Wahrheitsliebe [...erst daraus ergibt, dass] die einzelnen Christen (und nicht nur die kirchlichen Amtsträger) selbst dazu berechtigt sind, in der Heiligen Schrift das »Wort Gottes« und damit das Wort der letztgültigen [...und einen selbst...] betreffenden Wahrheit zu suchen und zu vernehmen."*[71] Die EKD formuliert dies

---

[70] Rössler, *Kleine Kirchenkunde:Ein Wegweiser durch die christlichen Konfessionen und Sondergemeinschaften*, 64:68.
[71] Ebd., 64:80.

treffend in ihrer Schrift zur religiösen Vielfalt der heutigen Zeit, denn sie sagt: *„Schon das evangelische Christentum selbst präsentiert sich in einer Vielfalt möglicher Lebensformen und ethischer Entscheidungen [...und vermag darüber hinaus die...] unterschiedliche[n] Auffassungen zu integrieren, solange sich diese als Ausdruck gemeinsamen Glaubens verstehen lassen. "*[72]

---

[72] Kirchenamt der EKD, Hrsg., *Christlicher Glaube und religiöse Vielfalt in evangelischer Perspektive: Ein Grundlagentext des Rates der Evangelischen Kirche in Deutschland (EKD)* (Gütersloh: Gütersloher Verlagshaus, 2015), 21.

4. Geistliche Gemeinschaften und Kommunitäten

Nach dem Ende des 2. Weltkrieges entstanden in Deutschland vermehrt Gemeinschaften und Kommunitäten mit eindeutig evangelischem Bekenntnis. Erst im Laufe der Zeit wurden diese, mit ihren teilweise besonderen Formen der Frömmigkeit, ein bestätigter Teil der evangelischen Kirchen. Hierzu hat die VELKD und auch die EKD beigetragen, sodass *„ordensmäßige Gemeinschaften innerhalb der Reformationskirchen als legitime Form christlichen Lebens anerkannt"*[73] wurden. Dabei ist kommunitäres Leben keine Erfindung des 20. Jahrhunderts, sondern hat bereits eine vor- und nachreformatorische Entwicklung durchlaufen. Allerdings zeichnen sich in der Zunahme der Entstehung im 20. Jahrhunderts verstärkt *„soziologische Gründe verantwortlich"*[74], bei denen gesellschaftliche und politische Veränderungen zu einer religiösen Neuorientierung in einer mehr und mehr von Diversifikation durchdrungenen Gesellschaft führten. Im Vorfeld dieser Entwicklung stehen verschiedenste Entwicklungsstufen, die sich teilweise ergänzen, aufeinander aufbauen oder parallel zueinander zu verstehen sind. Im Nachfolgenden seien exemplarisch einige Beispiele hierfür genannt.

---

[73]   Ulrich Wilckens, *Die evangelischen Kommunitäten:Bericht des Beauftragten des Rates der Evangelischen Kirche in Deutschland für den Kontakt zu den evangelischen Kommunitäten*, hg. von Kirchenamt der EKD, Bd. 62, EKD Texte (Hannover: Kirchenamt der EKD, 1997), 23.

[74]   Kirchenamt der EKD, Hrsg., *Verbindlich leben:Kommunitäten und geistliche Gemeinschaften in der Evangelischen Kirche in Deutschland*, Bd. 88, EKD Texte (Hannover: Kirchenamt der EKD, 2007), 13.

4.1. Historische Entwicklung und Vorläufer

4.1.1. Fraterhäuser und die Gemeinschaft der Brüder vom Gemeinsamen Leben

Bereits zum Anfang des 14. Jahrhunderts entstand unter der Führung des Predigers Gerd Groote eine kommunitäre Laiengemeinschaft, deren Mitglieder nicht nach einem besonderen geistigen Stand in einem Orden suchten. Thomas Kaufmann beschreibt, dass die damalige Entwicklung gegen die *„ Tendenzen der zeitgenössischen Frömmigkeit stand* [und das praktizierte] *Gemeinschaftsleben* [...Formen der späteren reformatorischen Grundideen vorlebte, indem die Gemeinschaftsglieder...] *in der Demut Jesu und in der Nachfolge der apostolischen Urgemeinde* [lebten und...] *zugleich* [...] *das individuelle Gewissen* [erforschten, in dem sie...] *sich biblische Stoffe meditativ* [...durch religiöse...] *Lektüre* [aneigneten].*[75]

Die Gemeinschaften, die sich *‚Brüder vom gemeinsamen Leben'* nannten, verbreiteten sich in zahlreichen Gebieten der heutigen Niederlande und Deutschlands. In den als Fraterhäuser bekannten Häusern wurden bereits vor der Reformationszeit Bibelübersetzungen und Schriften in der Volkssprache genutzt. Beeinflusst wurde diese Gemeinschaftsentwicklung von der *‚Devotia moderna',* die als Frömmigkeitsbewegung, ähnlich wie auch der Humanismus, Auswirkungen auf das spätere Reformationsgeschehen hatte. Erwähnenswert ist, dass die Brüder

---

[75]   Kaufmann, *Erlöste und Verdammte: Eine Geschichte der Reformation,* Kap. Formen der Frömmigkeit. Pos. 100,6 / 979.

des 1428 in Herford gegründeten Fraterhauses 1525 zum lutherischen Glauben wechselten. Trotz ihres Übertritts in das lutherische Lager wollten sie ihr klosterähnliches Leben aber nicht aufgeben. Nach anfänglichen Schwierigkeiten mit Stadtrat und Pfarrer, die darin das Festhalten am alten Glauben sahen, gelang es den Brüdern, durch Hilfe und die Autorität Martin Luthers, die Gemeinschaft in ihrer Ursprungsform zu bewahren. Luther merkte dazu an, dass die Ausrichtung des Fraterhauses *„in Einklang mit* [der] *Gerechtigkeit Gottes* [...steht und dadurch...] *erste Ansätze* [liefere] *zu einem erneuerten Kloster- und Ordensleben."*[76] Diese Auffassung über ein evangelisch geprägtes Mönchtum griff der Theologe Friedrich Parpert Anfang des 20. Jahrhunderts wieder auf. In einer seiner Schriften über das evangelische Mönchtum geht er allerdings noch einen Schritt weiter und führt zusätzlich an, dass ein evangelisches Mönchtum einen *„Beitrag zur Reform der evangelischen Kirche"*[77] selber leistet.

Im Napoleonischen Zeitalter Anfang des 19. Jahrhundert wurden im Rahmen der Säkularisation aber dennoch die beiden letzten noch existierenden Fraterhäuser in Herford und Emmerich aufgelöst. Die anderen Fraterhäuser waren bereits *„um 1700 allmählich durch den Jesuitenorden abgelöst* [worden] *und*

---

[76] Heinz-Meinolf Stamm, *Luthers Stellung zum Ordensleben*, hg. von Peter Meinhold, Bd. 101, Veröffentlichungen des Instituts für Europäische Geschichte Mainz:Abteilung für Abendländische Religionsgeschichte (Wiesbaden: Franz Steiner Verlag, 1980), 161.

[77] Bernd Jaspert, *Mönchtum und Protestantismus:Probleme und Wege der Forschung seit 1877*, Bd. 2, Regulae Benedicti Studia: Supplementa Vol. 15 (St. Ottilien: EOS Verlag Erzabtei St. Ottilien, 2006), 108.

verschwanden aus dem religiösen Leben. "[78] Bereits 1905 gründeten in der Schweiz *„Gotthilf Haug (1875–1951), Jakob Schelker-Kellenberger (1868–1954) und Lina Schelker (1861–1936)"*[79] nach der Beschäftigung mit mittelalterlichen kommunitären Strukturen eine Gemeinschaft, die ebenfalls den Namen *Bruderschaft vom gemeinsamen Leben* erhielt. Sie sah sich in der Nachfolge der vorreformatorischen *Brüder vom gemeinsamen Leben* und bildete *„den Mutterschoß des Oekumenischen Christusdienstes [...und kann als...] die erste evangelische Kommunität mit gemeinsamen Leben"*[80] gesehen werden. Auch wenn die Gemeinschaft zunächst eine *„diakonisch-soziale* [...Grundausrichtung hatte, lag...] *ihr Schwerpunkt im Bereich einer mystisch-sakramentalen Kirchenfrömmigkeit."*[81] Martin Schmidt beschreibt im weiteren Verlauf seiner Arbeit über charismatische Spiritualität, dass mehrere Abspaltungen und Neuformierungen erfolgten, zu denen u.a. der *Schweizerische Diakonieverein (1906) und* der *Verein Deutsche Oekumenische Christentumsgesellschaft (1934)* gehörten. Letztere war die Basis für die heute in der Nähe von Augsburg ansässige *Christentumsgesellschaft in Deutschland e.V.* mit ihrem

---

[78] Adolf Friedrich Lorenz, „Brüder vom gemeinsamen Leben:RDK II - 1260–1265", zugegriffen 22. Juni 2018, http://www.rdklabor.de/w/?oldid=88898.

[79] „Bruderschaft vom gemeinsamen Leben:zuletzt am 27. Februar 2016 um 12:46 Uhr geändert.", zugegriffen 20. Juni 2018, http://www.apostolische-geschichte.de/wiki/index.php?title=Bruderschaft_vom_gemeinsamen_Leben.

[80] Markus Schmidt, *Charismatische Spiritualität und Seelsorge: Der Volksmissionskreis Sachsen bis 1990*, Bd. 69, Kirche – Konfession – Religion (Göttingen: V&R unipress, 2017), 129.

[81] Ebd.

ökumenische Lebenszentrum Ottmaring bei Friedberg. Beeinflusst ist diese Bewegung, die sich in die Ökumenische Arbeit einbringt, ebenfalls durch pietistische Ideen von Johann August Urlsperger. Der ökumenische Grundgedanke wird in Ottmaring zusammen mit der katholischen *Fokolar* Bewegung und den *Brüdern vom Kreuz* gelebt.[82]

4.1.2. Pietismus und Herrnhuter Brudergemeine

Bei der Betrachtung der Vorläufer heutiger Gemeinschaften müssen auch die pietistischen Bestrebungen ab dem 17. Jahrhundert Erwähnung finden. Denn bereits hier finden sich Elemente des späteren *„geistliche*[n] *Anliegen* [...wieder, die im...] *Protestantismus in den Hintergrund getreten"*[83] waren. Johannes Halkenhäuser spricht in diesem Zusammenhang von *„heiligen Experimente*[n] *der Brüderlichkeit [...], die im radikalen Pietismus zur Erneuerung anachoretischer und monastisch-koinobitischer Lebensformen geführt haben."*[84] Bei Zinzendorf findet sich dies u.a. im Wunsch nach einem verbindlichen Leben im Sinne der christlichen Urgemeinde wieder, wie sie in der Apostelgeschichte Erwähnung findet. [Apg 2,42ff / Apg 4,32] Diese beiden Textstellen sind als

---

[82] Madlen Bregenzer, „Christentumsgesellschaft", zugegriffen 21. Juni 2018, https://www.stadtlexikon-augsburg.de/index.php?id=114&tx_ttnews[tt_news]=3487&tx_ttnews[backPid]=124&cHash=c3941a93c7.

[83] Johannes Halkenhäuser, *Kirche und Kommunität:Geschichte und Auftrag der kommunitären Bewegung in den Kirchen der Reformation*, 2. Aufl., Bd. XLII, Konfessionskundliche und Kontroverstheologische Studien (Paderborn: Verlag Bonifatius-Druckerei, 1978), 113.

[84] Ebd.

Grundgedanken in heutigen evangelischen Geistlichen Gemeinschaften und Kommunitäten wiederzufinden und werden als theologische Begründung kirchenübergreifend als sinnstiftend für das Mönchtum betrachtet. Zinzendorf folgte im Aufbau der erneuerten Brudergemeine außerdem der Idee einer kleinen Kirche in der Kirche (*ecclesiola in ecclesia*), die einem Grundgedanken von Phillip Jakob Spener entsprach. Wie auch andere Bewegungen innerhalb des Pietismus stand die Herrnhuter Brudergemeine unter dem Verdacht, eine sektiererische Bewegung zu sein. Erst als die Gemeinschaft das Augsburger Bekenntnis offiziell annahm, erlangte sie das *„vollständig freie* [...] *‚Religionsexerzitium'* *innerhalb der* [sächsischen] *Landeskirche.“*[85]

Auch die Wiederentdeckung eines protestantisch verstandenen Armutsideals und der Askese findet sich bereits im Pietismus. Dies wird - stellvertretend für andere bedeutende Pietisten dieser Zeit - besonders in Gerhard Tersteegens Lebensverlauf sichtbar. Ernst Benz hat als *„erster protestantischer Theologe* [...auf wesentliche...] *Zusammenhänge hingewiesen“*[86], die er zwischen Tersteegens Einsiedlertum und dem frühen vorreformatorischen Mönchtum sah. Er bemerkte zudem an, dass dies ein Ausdruck von Kritik an den bestehenden christlichen Leben- und Kirchenstrukturen war. Winfried Zeller ergänzt diese Auffassung, wenn er sagt, dass sich gerade durch den Pietismus auch eine *„Art*

---

[85]   Heussi, *Kompendium der Kirchengeschichte*, 399.
[86]   Bernd Jaspert, *Mönchtum und Protestantismus:Probleme und Wege der Forschung seit 1877*, Bd. 5, Regulae Benedicti Studia: Supplementa Vol. 15 (St. Ottilien: EOS Verlag Erzabtei St. Ottilien, 2011), 628.

Erweckungsbewegung "[87] hin zu einem protestantischen Mönchtum herausgebildet habe, geleitet von der Frage nach den ursprünglichen Motiven des Mönchtums und der Mystik als ein christlich verstandenes Lebensvorbild.

Tersteegen, der in seinen Schriften äußerte, dass es besser gewesen wäre, die Klöster zu verbessern, statt aufzulösen, organisierte sein gemeinschaftliches Leben mit Heinrich Sommer nach genau festgelegten *"Arbeits-, Meditations- und Gebetszeiten."* [88] In dieser Bruderschaft des gemeinsamen Lebens sah sich Tersteegen allein dem Dienst an Gott und Menschen verpflichtet. Sein Leben war geprägt durch die Beschäftigung mit Ordensgemeinschaften. Besondere Aufmerksamkeit schenkte er dabei dem Orden der Karmeliter. Hierin erkannte er die *"frömmigkeitsgeschichtliche Bedeutung des Mönchtums"* [89] für den Protestantismus, die sich nicht nur in seinen zahlreichen Schriften widerspiegelt, sondern auch in dem Versuch, eine echte Geistes- und Lebensgemeinschaft mit Freunden zu realisieren.

---

[87] Jaspert, *Mönchtum und Protestantismus:Probleme und Wege der Forschung seit 1877*, 2006, 2:853.

[88] Ebd., 2:854.

[89] Ebd., 2:856.

4.1.3. Diakonie und christlich verstandener Dienst am Menschen

Im Laufe des 19. Jahrhunderts entstanden Bruder- und Schwesternschaften, die sich nicht mehr aus einer christlichen Frömmigkeitsbewegung bildeten, sondern aus einer sozialen Verantwortung heraus. Sie sahen ihren Dienst am Mitmenschen als eine zentrale christliche Aufgabe an. Eine solche diakonisch geprägte Ausrichtung ist am Beispiel des 1833 gegründeten „Rauhen Hauses" durch Johann Hinrich Wichern zu erkennen. Wichern schuf in Hamburg für Kinder und Jugendliche einen Ort mit familienähnlichen Strukturen. Dazu bildete er Betreuer aus, welche die einzelnen Gruppen als *Bruder* betreuten. Geleitet wurde er durch einen Bibeltext aus dem 1. Korinther Brief [1. Korinther 12, 4–7], der auch Bestandteil der 2017 neu verfassten Gemeinschaftsordnung des Rauhen Hauses ist. Die Gemeinschaft definiert sich bis heute als *„eine Gemeinschaft von Brüdern und Schwestern in der Nachfolge Jesu Christi.* [Durch ihren Glauben an die...] *Liebe Gottes zu allen Menschen* [...wird sie motiviert] *zu diakonischem Handeln* [. ... Aus diesem Verständnis heraus will die Gemeinschaft, die seit 1970 auch Schwestern aufnimmt, ...] *Himmel und Erde, Glaube und Liebe, Wort und Tat verbinden"*[90] und definiert damit einen diakonischen Ansatz, der 1833 bei der Gründung Pate stand. Zukunftsweisend für andere Gemeinschaften hob Wichern in seiner Grundordnung von 1858 bereits hervor, dass eine Ordnung für Gemeinschaften nicht als starre

---

[90] „Die Ordnung:Wahlordnung, Geschäftsordnung 2017", *170927_BS_Ordnung_2017.pdf* (Hamburg: Das Rauhe Haus, 2017), 15.

Struktur verstanden werden soll, sondern sich vielmehr am Leben der Gemeinschaften orientieren muss. Neben dem Wichernschen Modell, das die Bruderschaft *„als eine Glaubens-, Lebens- und Dienstgemeinschaft von christlichen Männern"*[91] verstand, gab es weitere diakonische Zusammenschlüsse in Deutschland.

Im Angesicht der sozialen Not vieler Menschen gründete das Ehepaar Theodor und Friederike Fliedner 1836 in Kaiserswerth das erste Diakonissenhaus. Laut eigener Aussage zählt die Kaiserswerther Diakonie heute *„zu den großen diakonischen Unternehmen in Deutschland."*[92] Unverheirateten Frauen bildeten in Kaiserswerth die Gemeinschaft der Diakonissen und sahen sich - wie auch bei Wichern zu finden - als eine Glaubens-, Lebens- und Dienstgemeinschaft. Als evangelische Schwesterngemeinschaft verpflichteten sie sich nach einer entsprechenden Ausbildung in Krankenpflege oder Erziehungsarbeit, zu einer christlich motivierten sozialen Arbeit zum Wohle der Mitmenschen. Ohne ein Ordensgelübde abzulegen, lebten die Schwestern in einer verbindlichen Lebensform im Mutterhaus in Kaiserswerth zusammen und formten damit die diakonische Spiritualität.

Knapp 20 Jahre nach den Fliedners schuf Wilhelm Löhe 1854 in Neuendettelsau eine bayerische Diakonissenanstalt, in der er nicht nur die Ausbildung von Diakonissen, sondern auch eine allgemeine Berufsausbildung für Frauen im Blick hatte. Sein nachfolgender

---

[91] „Brüder- und Schwesternschaft. Ein Leben für die Diakonie.", zugegriffen 25. Juni 2018, https://www.rauheshaus.de/das-rauhe-haus/brueder-und-schwesternschaft.html.

[92] „Die Kaiserswerther Diakonie", zugegriffen 21. Juni 2018, https://www.kaiserswerther-diakonie.de/de/ueber-die-kaiserswerther-diakonie/ueber-die-kaiserswerther-diakonie.html.

Diakonissen-Spruch hat bis heute bestand: *„Was will ich? Dienen will ich. – Wem will ich dienen? – Dem Herrn Jesu in Seinen Elenden und Armen. Und was ist mein Lohn? Ich diene weder um Lohn noch um Dank, sondern aus Dank und Liebe; mein Lohn ist, dass ich darf!"*[93] Löhes Name ist bis heute ebenfalls verbunden mit der von ihm gegründeten äußeren Mission, die heute Bestandteil der „Mission EineWelt -Centrum für Partnerschaft, Entwicklung und Mission der Evangelisch-Lutherischen Kirche in Bayern in Neuendettelsau ist.

4.1.4. Entstehungswellen im 20. Jahrhundert

Im Verlauf des 20. Jahrhunderts gab es verschiedene Entwicklungswellen bedingt durch unterschiedliche Hintergrundbedingungen. Auch wenn man keine direkte Abgrenzungslinie zwischen den einzelnen Etappen ziehen kann, scheint eine grobe Orientierung sinnvoll. Betrachtet man etwa die Entstehungen der im Vorfeld beschriebenen Zusammenschlüsse, dann fällt hier das besondere christliche Frömmigkeitsideal des Pietismus und die diakonische Hilfsbereitschaft aus der Kenntnisnahme von sozialen Notlagen auf. Im weiteren Verlauf der Entstehungsgeschichte heutiger Gemeinschaften stehen aber nicht nur diese persönlichen Erweckungserfahrungen und sozialen Umbrüche im Fokus, sondern finden sich vor allem Prägungen aus

---

[93] „Wilhelm Löhe:zuletzt am 5. April 2018 um 17:43 Uhr geändert.", zugegriffen 19. Juni 2018, https://www.fuerthwiki.de/wiki/index.php/Wilhelm_Löhe; Kirchenamt der EKD, *Verbindlich leben:Kommunitäten und geistliche Gemeinschaften in der Evangelischen Kirche in Deutschland.*

Erfahrungen und dem Erleben zweier Weltkriege. Beide Ereignisse haben nicht nur weitreichende soziale und gesellschaftliche Veränderungen herbeigeführt, sondern hatten auch direkten Einfluss auf die Gemeinschaftsgründungen. Auch hier soll und kann es keine abschließende Betrachtung geben, sondern vielmehr nur ein Überblick einzelner Entwicklungen.

4.1.4.1. Deutsche Kaiserzeit, die Epoche des 1. Weltkrieges und der Weimarer Republik (1900-1933)

Die Ereignisse des Ersten Weltkrieges hatten Auswirkungen auf die Außenansicht auf das Christentum, was sich u.a. auf die Missionsarbeit der Kirche Anfang des 20. Jahrhunderts auswirkte. Zudem gab es auch innerkirchliche Umbrüche und Erneuerungsbewegungen, die sich u.a. in der Gründung von Bruderschaften ohne ein kommunitäres oder gemeinsames Leben widerspiegeln. Diese zunächst nicht als *vita communis* zu verstehenden Zusammenschlüsse müssen lt. Franziskus C. Joest in *„engem Zusammenhang mit der Jugend- und Wandervogelbewegung*"[94] gesehen werden. Neben der Naturverbundenheit dieser Anhänger war bei ihnen auch *„eine antibürgerliche Einstellung und Ablehnung [zu finden, wie auch die Kritik an der] Technisierung und Kommerzialisierung des*

---

[94] Deutsche Ordensoberkonferenz, Hrsg., „Protestantisches Ordensleben im deutschsprachigen Raum", *58. Jahrgang 2017, Heft 1*, ok ordens korrespondenz:Zeitschrift für Fragen des Ordenslebens (Bonn: Deutsche Ordensoberkonferenz e.V., 2017), 14.

Alltagslebens"[95], die auch in den ersten Bruder- und Schwesternschaften Schwerpunktthemen bildeten.

Damit begann in Deutschland ebenfalls eine Entwicklung, die im vorherigen Jahrhundert bereits in anderen europäischen Ländern eingesetzt hatte, aber darüber hinaus eigene Ansätze herausbildete. Im Anglikanismus in England gab es bereits ab Mitte des 19. Jahrhunderts eine Hinwendung zu evangelischen Orden mit Bezügen zu katholischen Ordensgemeinschaften. In Deutschland fanden diese Bestrebungen erst im Nachgang des Ersten Weltkrieges statt und zwar *„zum Teil [als] Anschluß [sic] an die anglikanische Entwicklung"[96],* aber mehr noch mit einer eigenständigen und mehr kritikbehafteten Ausprägung. So wie man einerseits die Naturverbundenheit in der Wandervogelbewegung als Kritik ggü. dem Bürgertum verstehen muss, so setzte andererseits auch bei christlichen Jugendlichen der Wunsch nach einem verlässlichen Christentum aus ähnlichen Gründen ein, denn die gewünschte Verlässlichkeit war – so die Auffassung - in den vorherrschenden traditionellen Kirchenstrukturen nicht zu verwirklichen bzw. zu finden.

Christen, die sich in Bruder- oder Schwesternschaften zusammenschlossen, lebten im Allgemeinen nach einer festen und

---

[95] Arnulf Scriba, „Wandervogelbewegung:Deutsches Historisches Museum, Berlin vom 6. September 2014", zugegriffen 29. Juni 2018, https://www.dhm.de/lemo/kapitel/weimarer-republik/alltagsleben/wandervogelbewegung.html.

[96] Hans Frhr. von Campenhausen u. a., *„Die Religionen in Geschichte und Gegenwart: Handworterbuch für Theologie und Religionswissenschaft",* hg. von Ernst Kutsch, 1. Aufl., Bd. 1 A-C (Tübingen: J.C.B.Mohr (Paul Siebeck), 1957), 1431.

verbindlichen Ordnung oder Lebensregel, verzichteten aber auf die Bildung von fest zusammenlebenden und ortsgebundenen Gemeinschaften im Sinne einer *vita communis.* Gleichfalls verzichteten sie auf die Annahme der evangelischen Räte und verblieben vielmehr in Familie und Gesellschaft, waren aber als Gebets- oder Dienstgemeinschaften miteinander verbunden. Aus der *Not der evangelischen Kirche,* wie es im 1926 entstandenen *»Berneuchener Buch«* heißt, entstand die Berneuchener Bewegung, die heute die Evangelische Michaelsbruderschaft, die Gemeinschaft St. Michael und den Berneuchener Dienst (ehemals Berneuchener Kreis) umfasst. Die Evangelische Michaelisbruderschaft kann dabei bis heute als *„theologisch-kirchlich bedeutendste Bruderschaft im deutschsprachigen Raum"*[97] angesehen werden, auch wenn sie nicht die einzige Gemeinschaftsbewegung dieser Zeit war. Darüber hinaus muss erwähnt werden, dass die deutsche Entwicklung keine rein deutsche Selbstschöpfung war, sondern vielmehr beeinflusst wurde von Strömungen aus dem europäischen Ausland. Wie in Deutschland gab es auch in anderen Ländern Bruderschafts-Gründungen wie etwa die schwedischen Kirchenbrüder (eng verbunden mit dem Namen von Nathan Söderblom) und Zusammenschlüsse von Pfarrern, größtenteils mit hochkirchlicher Ausrichtung. Letzteres findet sich auch im dänischen Theologischen Oratorium wieder, welches vergleichbar ist mit dem deutschen Pfarrergebetsbund oder der Sydower Bruderschaft. Verbanden sich in den Bruderschaften meist

---

[97]   Halkenhäuser, *Kirche und Kommunität:Geschichte und Auftrag der kommunitären Bewegung in den Kirchen der Reformation,* XLII:200.

auch unterschiedliche Berufszweige, so durften der Sydower Bruderschaft ausschließlich Pfarrer angehören.

Karl-Adolf Bauer spricht in seinem Vortrag über das protestantische Mönchtum davon, dass es insgesamt einen vollzogenen *„Schritt aus der Unverbindlichkeit eines weithin bürgerlich angepassten Christseins zu einer verbindlichen und verpflichteten Gestalt gelebten Glaubens"*[98] bedeutete. Halkenhäuser sieht zudem, dass die Gemeinschaftsanfänge dieser Entwicklungsepoche eng verbunden sind mit dem Bezug auf theologische Ansätze von Sören Kierkegard und Franz Overbeck, die *„nach dem Ersten Weltkrieg in ihrer Aktualität entdeckt wurden."*[99] Hier, so Halkenhäuser, wurde erst die Distanz wiederentdeckt, in der das Evangelium und der Zeitgeist zu stehen hätten. In dieser Gedankenfolge muss man auch die Entstehung der Bruderhof-Gemeinschaft von Eberhard und Emmy Arnold sowie Else von Hollander aus dem Jahre 1920 sehen, die sich im Gegensatz zu anderen Bruder- und Schwesternschaften bereits zu einer Gütergemeinschaft zusammenschloss und eine eigenständige Lebensform für sich fand. In dieser ersten Entstehungswelle gab es ferner zahlreiche andere Versuchsmodelle, die aber oftmals nicht über das Versuchsstadium oder einen kleineren Gründerkreis herauskamen und nicht von Dauer waren.

---

[98] Karl-Adolf Bauer, „Protestantisches Mönchtum? Orden und Kommunitäten in den Kirchen der Reformation", *(Vortrag von Rektor em. Dr. Karl-Adolf Bauer/Trier am 12. März 2014 im Rahmen des Mittwochsforums)*, Mittwochsforum Trier, 2014, 9.

[99] Halkenhäuser, *Kirche und Kommunität:Geschichte und Auftrag der kommunitären Bewegung in den Kirchen der Reformation*, XLII:183.

4.1.4.2. Nationalsozialismus und die Epoche des 2. Weltkrieges (1933-1945)

Die Zeit des Nationalsozialismus ist eine Epoche des *Kirchenkampfes* gewesen. Der Begriff, der mehrdeutig angewandt werden kann, stellt primär eine Auseinandersetzung sich widersprechender theologischer Ansichten im Protestantismus dar, der zwischen den *Deutschen Christen (DC)* und der *Bekennenden Kirche* stattfand. Erstere vertraten in ihrer antisemitischen und rassistischen Ausrichtung die Ideologie der Nationalsozialisten. Als eine der ersten Reaktionen gegen die Deutschen Christen entstand der *Pfarrernotbund*, der auf die Initiative von Martin Niemöller und Dietrich Bonhoeffer zurückgeht. Im weiteren Verlauf kam es zur Gründung der Bekennenden Kirche, gedacht als Opposition gegen die Theologie der Deutschen Christen und die staatliche Kirchenpolitik. Neben Karl Barth und anderen waren auch hier Niemöller und Bonhoeffer an der Entstehung beteiligt. Als theologisches Grundsatzdokument dieser Bewegung gilt die *»Barmer Theologische Erklärung«*, welche weniger eine Widerstandsschrift gegen die NS Diktatur, als vielmehr eine theologische Position gegen die Deutschen Christen darstellt.

Der Nationalsozialismus griff massiv in das Leben der Menschen ein und machte ebenso vor dem kirchlichen Leben nicht halt. Im Zuge dieser NS Politik kam es daher auch zur gewaltsamen Auflösung des 1920 gegründeten Bruderhofs, denn sie zielte auf eine *„völlige ideologische Gleichschaltung [ab und versuchte darüber hinaus mit einzelnen Maßnahmen die Kirche...] aus dem öffentlichen*

Leben zu verdrängen. "[100] Der Bruderhof, so stellte Emmy Arnold später fest, konnte in der NS Zeit nicht bestehen, weil *„die Nachfolge Christi [...] nicht mit den Forderungen des Nationalsozialismus zusammengehen* "[101] konnten. Auch wenn das Leben für andere Bruder- und Schwesternschaften in dieser Zeit politisch bereits erschwert war, errichtete Dietrich Bonhoeffer 1935 im Predigerseminar Finkenwalde mit Zustimmung der Kirchenleitung ein Bruderhaus.

Inspiriert von den bereits existierenden Pfarrerbruderschaften und der Evangelischen Michaelisbruderschaft, aber vor allem durch sein intensives Studium der Bergpredigt, entwickelte Dietrich Bonhoeffer die Idee einer Bruderschaft, die in *„Gebet, Meditation, Schriftstudium und brüderlicher Aussprache* "[102] zusammenleben und sich dadurch für den Pfarrdienst stärken sollte. Bonhoeffer hatte in seinen Bestrebungen aber nicht nur Pfarrer im Blick, sondern sah die Notwendigkeit für die Hinwendung zu einem gemeinsamen verbindlich-christlichen Leben auch für Laien. In der Bruderschaft verpflichteten sich die Männer zur Mitarbeit in der Kirche; über die Annahme eines neuen Bruders sollte nur die brüderliche Gemeinschaft entscheiden. Das Modell Bonhoeffers sah, basierend auf den Vorstellungen christlichen Freiheit der lutherischen Theologie, zudem keine lebenslange Bindung vor. Jedes

---

[100] Jörg Winter, „Kirche – Staat (erstellt: Jan. 2015 / letzte Änderung am 10.10.2017)", o. J., https://doi.org/https://doi.org/10.23768/wirelex.Kirche_Staat.100093.

[101] Emmy Arnold, *Gegen den Strom:Ein Leben in der Herausforderung der Bergpredigt*, 3. Aufl. (Rifton: Plough Publishing House, 2014), 149.

[102] Halkenhäuser, *Kirche und Kommunität:Geschichte und Auftrag der kommunitären Bewegung in den Kirchen der Reformation*, XLII:202.

Glied der Gemeinschaft konnte diese auf eigenen Wunsch wieder verlassen. Das Bruderhaus, gleichsam gedacht *„als Gegengewicht gegen eine einseitig intellektuelle Ausbildung"*[103], wurde bereits 1937 von der Gestapo gewaltsam geschlossen.

Erwähnenswert ist hier, dass der Brudergedanke Bonhoeffers sich gerade in Bezug auf das Schriftstudium maßgeblich von den liturgischen Ansätzen und der spirituellen Erfahrungen etwa der Michaelisbruderschaft, wie sie z.B. von Wilhelm Stählin vertreten wurde, unterschied. Stählin, der einen engen Kontakt zu Bonhoeffer hatte, sah in der Lebensausrichtung innerhalb einer Bruderschaft das Bibelwort zwar als wichtig an, bemerkte aber dazu, dass es ebenso auf den göttlichen Ruf ankomme, der Brüder dazu veranlasse, Kirche mitzugestalten.

Festzustellen ist ferner, dass es in der Epoche der NS-Zeit, sieht man einmal von Bonhoeffers Bruderhausversuch ab, keine nennenswerten Neuentwicklungen von Bruder- oder Schwesternschaften mehr gab. Für die Zeit bis zum Kriegsende 1945 führt Halkenhäuser nur zwei weitere deutsche Gemeinschaften auf: die Stuttgarter *Schwesternschaft des Gebets* – 1944 gegründet von Gertrud Thomae – und die *Ev.-luth. Bruderschaft in Sachsen mit Laienkreis Christophorus-Helferschaft* aus dem gleichen Jahr.

---

[103] Ebd., XLII:203.

4.1.4.3. Die Entwicklung nach dem 2. Weltkrieg (Zeit nach 1945)

Nach dem Ende des 2. Weltkrieges erfuhren Gemeinschaftsbildungen in den evangelischen Kirchen Deutschlands ein Zeitalter der Renaissance. Hierbei gab es, wie bereits auch in der ersten Entstehungswelle Anfang des 20. Jahrhunderts, neben innerdeutschen Bestrebungen auch Impulse und Beeinflussungen aus dem europäischen Ausland wie etwa durch die *Communauté de Taizé*. Ersichtlich ist dies, weil die in *Taizé* ab 1949 entstandenen Prinzipien für ein gemeinschaftliches Leben *„in vielen anderen Gemeinschaften weitergewirkt"*[104] habe. Ebenso gab es eine vergleichbar starke Entwicklung in anderen europäischen Ländern wie Schweden, Dänemark und Norwegen. Johannes Hanselmann spricht im Zusammenhang der Bildung von Kommunitäten im 20. Jahrhundert von dem *„Phänomen der Sozialität des Glaubens"*[105], das zur Entstehung von Gemeinschaften unterschiedlicher Ausrichtung geführt hat. Das menschliche Bestreben, kleinere und überschaubare Gruppen Gleichgesinnter zu bilden, wie es in Kommunitäten und Geistlichen Gemeinschaften geschieht, greift, so Hanselmann, wenn etwa die kirchliche Institution als zu groß empfunden wird oder die Einbringung der Gaben Einzelner scheinbar keinen Raum findet. Trotz allem waren die kommunitären Bestrebungen in den seltensten Fällen darauf ausgerichtet, neue Kirchen oder gar eine Opposition zu ihnen zu gründen. Die 1950 gegründete *Communität Casteller Ring* bezeichnete ihre Ausrichtung

---

[104] Ingrid Reimer, *Verbindliches Leben in Bruderschaften, Kommunitäten, Lebensgemeinschaftem*, 1. Aufl. (Stuttgart: Quell Verlag, 1986), 42.
[105] Lutz Mohaupt, Hrsg., *Modelle gelebten Glaubens* (Hamburg: Lutherisches Verlagshaus, 1976), 9.

vielmehr als *Kirche leben*, in der man „*die Zeichen der Zeit verstehen und [...] an der einen Kirche Jesu Christi in der heutigen Welt bauen*"[106] wollte. Nur vereinzelte Gemeinschaften versuchten, ihren gewählten Weg in ein verbindliches und auf Gott allein bezogenes Leben durch Kirchenaustritt Ausdruck zu geben und somit ihre Unabhängigkeit auch gegenüber kirchlichen Strukturen zu demonstrieren.

Die Gründung und Formierung neuer Gemeinschaften war in dem ab 1949 geteilten Deutschland aber eher beschränkt auf die Bundesrepublik Deutschland. Hintergrund hierfür war, dass im Umfeld der DDR sich die Entwicklung „*durch die besondere gesellschaftliche Situation*"[107] meist auf die Verbindung mit existierenden, gemeindlich bestehenden Kirchenstrukturen beschränkte oder an bestehende Bruderschaften anknüpfte. Letzteres führte dazu, dass eigenständige West- und Ostgruppen bzw. Kreise entstanden, wie im Fall der Michaelisbruderschaft geschehen. Als andere Wiederbelebungen führt Ingrid Reimer in »*Verbindliches Leben*« u.a. die *Annastift*-Schwesternschaft des Julius-Schniewind-Hauses auf. In diesem Umfeld entstand zudem die Tertiärbruderschaft und in den 1970er Jahren eine Trinitatisschwesternschaft in Leipzig.

Ein direkter Kontakt zwischen West- und Ostgemeinschaften war während der deutschen Teilung nur bedingt möglich. Ab den 1975er Jahren half eine ökumenische Netzwerksinitiative (seit 2003

---

[106] „Wenn wir das Leben teilen wie das täglich Brot ...", zugegriffen 6. Juli 2018, https://www.schwanberg.de/CCR.
[107] Reimer, *Verbindliches Leben in Bruderschaften, Kommunitäten, Lebensgemeinschaftem*, 40.

„Ökumenische Kommunitäten-Netzwerk-CHRISTOPHORUS"), geleitet durch Christopher Lowe CR, die dem Austausch von ost- und westeuropäische Gemeinschafen dienen sollte. Regelmäßige Treffen fanden ab 1975 in Polen statt. Hierzu schreibt die Abtei St. Matthias im Rückblick auf die Entstehungsgeschichte des Netzwerkes, dass es *„zu Zeiten der europäischen Teilung [...] ein vordringliches Anliegen der ökumenischen Kommunitätentreffen [war], grenzüberschreitende Kontakte zwischen den Schwestern und Brüdern der teilnehmenden anglikanischen, evangelischen und katholischen Kommunitäten, Orden und Bruderschaften aus Deutschland, der Schweiz, England, Litauen und Polen zu ermöglichen."*[108]

Festzuhalten sind hier bereits mindestens drei sichtbare Faktoren. Zum einen ist bereits in den Anfängen kommunitären Lebens und der Geistlichen Gemeinschaften eine ökumenische Tendenz zu erkennen. Zum anderen, dass es nicht nur Gemeinschaftsbewegungen innerhalb eines Landes gegeben hat, sondern dies eine europäische Entwicklung darstellte, in der die Gemeinschaften grenzüberschreitende Verbindungen untereinander pflegten. Ferner, dass es im Westen wie auch im Osten Deutschlands (wie auch in anderen europäischen Ländern) keine einheitliche Ausrichtung gab, was im nachfolgenden Kapitel deutlich werden wird. Es bildeten sich unterschiedlichste Lebensentwürfe heraus, die teilweise als *„Hauskreise, Wohngemeinschaften, Arbeitsteams"*[109], aber auch als ordensähnliche Gemeinschaften versuchten, ihre

---

[108]   Ansgar Schmidt und Hilde Greichgauer, Hrsg., „Mattheiser Brief Juli 2017" (Trier: Abtei St. Matthias, 2017), 13.

[109]   Mohaupt, *Modelle gelebten Glaubens*, 32.

christliche Identität als verbindlich gelebte Gemeinde Christi zu verwirklichen. Eine Entwicklung, die sicherlich auch mit den leidvollen Erfahrungen der Nachkriegszeit zu begründen ist. Schwer wirkte die NS-Vergangenheit nach, was nach Kriegsende zum direkten Verlust von geprägten – wenn auch fragwürdigen – Idealwerten geführt hatte und nun ein erneuertes *„Suchen nach gültigen Werten und Lebensformen"*[110] in christlicher Perspektive initiierte. Lebensmodelle, die darüber hinaus in einer sich zunehmend wandelnden und ebenso verstärkt einsetzenden Säkularisierung der Gesellschaft als christlich verstandenes Gegenmodell dienen sollten.

Die evangelischen Kirchen in Deutschland wurden von dieser Entstehungswelle nicht nur überrascht, sondern diese stellte sie vor theologische Erklärungsprobleme, zumal diese Entwicklungen innerhalb der Gesellschaft und den kirchlichen Strukturen nicht nur mit gemischten Gefühlen betrachtet wurden, sondern sogar auf direkte Ablehnung stießen. Walter Hümmer, Mitbegründer der Christusbruderschaft Selbitz, wurde beispielsweise mit den Vorwürfen der Schwärmerei konfrontiert und dass er die Gesellschaft in Frage stelle. Sr. Emma Bühlmeier der Christusbruderschaft berichtete aus einer persönlichen Begegnung mit Hümmer, in der dieser gesagt habe, dass er und die Gemeinschaft *„unverstanden von unserer Kirche, unverstanden von vielen Frommen"*[111] sei. Dieses Unverständnis und die bis in die 1960er

---

[110] Reimer, *Verbindliches Leben in Bruderschaften, Kommunitäten, Lebensgemeinschaftem*, 15.
[111] „Zum 100. Geburtstag von Walter Hümmer:Schriftenreihe II", Dreiteilige Schriftenreihe zum 60jährigen Jubiläum der Communität Christusbruderschaft Selbitz und den 100. Geburtstagen unserer

Jahre hineinreichende Kritik traf die Gemeinschaften oftmals mit dem Vorwurf, dass Reformatoren wie Luther das Ordensleben abgelehnt hätten.

Erst in den 1970er Jahren zeichnete sich auf kirchlicher Seite ein Anerkennungsprozess ab, der mit einer Ermutigung der EKD im Jahre 1979 durch die Bischofskonferenz einsetze. Zu erwähnen ist noch, dass sich zu den sich formenden Gemeinschaften in *vita communis* ab den 1960er und 1970er Jahren auch Familiengemeinschaften bildeten, die wie bereits der Bruderhof der 1920iger Jahre gemeinschaftliches Leben formierten. In der Zeit gesellschaftlicher Umbrüche der 1960iger Jahre (z.B. Studentenbewegung, sexuelle Revolution, Auflehnung gegen konservative Gesellschaftsformen, Mauerbau usw.), die auch vor den bürgerlichen Familien nicht Halt machten, standen sie für die kirchliche Erneuerungsbewegung eines christlich verstandenen Familienmodells.

Gründer Hanna und Walter Hümmer. (Selbitz: Communität Christusbruderschaft Selbitz, 2009), 7.

4.2.   Beispiele verschiedener Lebensentwürfe

Aus der Entstehungsgeschichte, die in den vorangegangenen Kapiteln beschrieben wurde, wird bereits ersichtlich, dass es keine eindeutige Beschreibung gibt, die alle vorhandenen Gemeinschaftsformen gesamtumfassend beschreiben kann. Die vielschichtigen Lebensentwürfe und Unterschiede im gemeinschaftlichen und strukturierten Leben erschweren oftmals nicht nur eine eindeutige Typisierung, sondern verhindern zudem, eine auf alle Gemeinschaftsformen zutreffende Definition zu formulieren. Bischof Helmut Claß beschrieb dies in seinem Bericht auf der EKD Synode 1990 wie folgt: *„Keine Kommunität [...gleicht...] der anderen [...]. Jede versucht ihre besondere, ihr zuteil gewordene Berufung zu entdecken und zu leben.“*[112] Dabei ist festzuhalten, dass die Entstehungsgeschichten und das Umfeld der Gemeinschaften direkten Einfluss auf diese Vielschichtigkeit haben, die sich u.a. in hochkirchlichen, liturgischen, spirituellen, missionarischen oder etwa seelsorgerischen Ausrichtungen äußern. Pietistische Strömungen, Frömmigkeitsideale und Erweckungserfahrungen sind neben diakonischem Verantwortungsbewusstsein nur einige der hierfür zu nennenden Faktoren. Ferner kann man sagen, dass die *„ständig gegenwärtigen Erinnerungen an die [...eigenen...] Ursprünge [..., ihrem Verhältnis zur eigenen...] Geschichte [...und des...] Mönchtums insgesamt [...sie*

---

[112]   Helmut Claß, „Erfahrungs- und Tätigkeitsbericht des Beauftragten des Rates für die evangelischen Kommunitäten von Bischof I. R. D. Claß, Stuttgart", *Bericht der EKD Synode und Beschlussvorlage Nr. 9 der EKD Synode, 09.11.1990 in Lübeck-Travemünde* (Stuttgart: Evangelische Kirche Deutschland, 1990), 740.

– neben ihrer gemeinschaftlichen Ausrichtung - zudem zu Orten werden lässt, an denen...] Geschichte "[113] faktisch gelebt und in Erinnerung gehalten wird. Nachfolgend sollen beispielhaft und stellvertretend für die Vielzahl der Gruppen Gemeinschaften aus dem Bereichen Kommunitäre Lebensformen dargestellt werden.

4.2.1. Kommunitäre Lebensformen

4.2.1.1. Evangelische Marienschwesternschaft (Darmstadt)

Die *Oekumenische Marienschwesternschaft* (seit 1964 *evangelische Marien-schwesternschaft*) wurde am 30. März 1947 von Erika Madauss und Klara Schlink auf dem Steinberg in Darmstadt gegründet. Vorausgegangen waren persönliche Erfahrungen der beiden Gründerfrauen. Kurz vor dem Ende des 2. Weltkrieges, am 9.11.1944, wurde die Stadt Darmstadt nahezu vollkommen zerstört. Das traumatisierende Erlebnis der Bombennacht beeinflussten Klara Schlink (genannt Mutter Basileas) und Erika Madauss (genannt Mutter Martyria) nachhaltig. Sie überdachten ihr bisheriges Leben und kamen zu dem Entschluss, es zu verändern. In einem von ihnen geleiteten Bibelkreis fanden sie gleichgesinnte junge Frauen und so entstand, mit Unterstützung und durch geistliche Anleitung von Paul Riedinger (Ansbacher Superintendent der Methodistenkirche), aus einer Buß- und Erweckungsbewegung die kommunitäre Gemeinschaft.

---

[113] Wilckens, *Die evangelischen Kommunitäten:Bericht des Beauftragten des Rates der Evangelischen Kirche in Deutschland für den Kontakt zu den evangelischen Kommunitäten*, 62:22.

Das Mutterhaus der Schwesternschaft, deren Glieder nach den evangelischen Räten leben, liegt im Süden der Stadt Darmstadt; es wurde von ihnen bereits während des Ausbaus der dortigen Infrastruktur von Kapelle, Wohn- und Arbeitsstätten „Kanaan" genannt. Heute verfügt die Gemeinschaft über Niederlassungen in 12 verschiedenen Ländern, darunter USA, Australien, Brasilien und Japan.

Die Tätigkeiten der Schwestern sind vielfältig. Einen hohen Stellenwert nimmt die Medienarbeit, die Verbreitung von christlichen Schriften und die weltweite Versöhnungsarbeit ein. Letzteres, so ist festzuhalten, hat sich aus ihrem geistlichen Leben selbst herausgebildet. Die kompromisslose Nachfolge, tägliche Buße und Reue als Fundament fordert dieses geradezu heraus. Im *„Mittelpunkt [...von allem was die Gemeinschaft tut, steht immer die von ihr verstandene...] Liebe Jesus. "*[114] Ihr kompromissloser Einsatz und ihre Aufopferungsbereitschaft für andere wird in der Beschreibung der beiden Gründerinnen deutlich, über die gesagt wird, dass *„sie gelebt, gelitten, gebetet und geglaubt"*[115] haben. Ihren Auftrag sahen die Marienschwestern von Anfang an darin, die Liebe Gottes *„sichtbar zu machen, durch die allein Wunden geheilt, Zerbrochenes wiederhergestellt und Neues aufwachsen kann. "*[116] Die Schwesternschaft ist nicht unangefochten und steht trotz ihrer positiven Außenarbeit in der Kritik von ausgetretenen Schwestern. In

---

[114] Ingrid Reimer, Hrsg., *Alternativ leben in verbindlicher Gemeinschaft:Evangelische Kommunitäten, Lebensgemeinschaften, Junge Bewegungen* (Stuttgart: Quell Verlag, 1979), 129.
[115] „Versöhnung", zugegriffen 7. Juli 2018, https://www.kanaan.org/de/schwerpunkte/versoehnung/.
[116] Ebd.

dem Buch »*Wenn Gebundene frei werden...; Eine ehemalige Marienschwester erzählt ihre Geschichte*« erhebt die ehemalige Mitschwester Charlene Andersen den Vorwurf sektiererische Züge gegen die Gründerin Klara Schlink und die Schwesternschaft. Ihre Kritik richtet sich dabei speziell gegen das Gehorsamsgebot, die besondere Marienverehrung der Schwestern und die als zu dicht empfundene Papstnähe.

1967 siedelte sich auf dem Gelände der Frauenkommunität eine kleinere Bruderschaft an. Die derzeit neun Kanaan-Franziskusbrüder, aus fünf verschiedenen Ländern, leben wie die Schwesternschaft nach den evangelischen Räten.

4.2.1.2. Communität Christusbruderschaft Selbitz und Falkenstein

Zwei Jahre nach der Gründung der Evangelischen Marienschwestern in Darmstadt gründeten Pfarrer Walter Hümmer und seine Frau Hanna die Communität Christusbruderschaft Selbitz. Die Kommunität „*verbindet [bis heute] kirchliche, pietistische und liturgische Elemente*"[117] und geht aus einer Erweckung der Hümmerschen Gemeinde in Schwarzenbach/Saale hervor. Dieser Erweckungs-Impuls und die zentrale Christus-Ausrichtung brachte der Gemeinschaft anfänglich den Vorwurf der Schwärmerei ein. In der für die Gemeinschaft verfassten Regel wurde festgelegt, dass der „*Maßstab für alle Lebensordnungen der Communität [...] das*

---

[117] Reimer, *Verbindliches Leben in Bruderschaften, Kommunitäten, Lebensgemeinschaftem*, 113.

Evangelium"[118] ist. Zusammen mit der Kommunität ist eine ‚*Tertiärgemeinschaft'* entstanden, die aber nicht in *vita communis* lebt und auch nicht die evangelischen Räte übernahm. Die Tertiäre wurden von Hanna Hümmer betreut und sorgten in den Anfängen mit *„Gebet und [...] materielle[r] Hilfe in Form des ‚Zehnten' [...u.a. für die...] Existenzgrundlage"*[119] der kommunitären Gemeinschaft. Nach dem Tod von Hanna Hümmer im Jahr 1972 kam es zu internen Differenzen, die zu einer Teilung sowohl der Kommunität als auch der Tertiärgemeinschaft führte. Heute gibt es eigenständige Kommunitäten an den Orten Selbitz und Falkenstein.

Die Grundlage für die Gemeinschaft in Selbitz sieht Hans Häselbarth u.a. darin begründet, dass in den *„evangelischen Kirchen ein Defizit an ‚Koinonia' [besteht], d.h. [...eine...] Kirche ohne Gemeinschaft. Dazu kommt, dass [die heutige] Gesellschaft [...von...] Individualismus und Pluralismus geprägt ist [...in der nicht...] das Gemeinwohl, sondern [die] persönliche Selbstverwirklichung"*[120] an erster Stelle steht. Dieser Gemeinschaftsgedanke ist bei den Christusträgern kirchen- und konfessionsübergreifend zu verstehen und hält durch *„lebendige [...] Beziehungen [...] zu anglikanischen, katholischen, orthodoxen Orden und Kommunitäten und zu freikirchlichen Gemeinden und*

---

[118]   „Regel:Communität Christusbruderschaft Selbitz", 2. Aufl. (Selbitz: Communität Christusbruderschaft Selbitz, 2008), 13.

[119]   „Geschichte der Tertiaergemeinschaft", zugegriffen 13. Juli 2018, https://christusbruderschaft.de/de/communitaet/tertiaergemeinschaft.php p#Geschichte.

[120]   Anna-Maria aus der Wiesche und Hans Häselbarth, „Liebe zur Gemeinschaft", Selbitzer Lesezeichen (Selbitz: Communität Christusbruderschaft Selbitz, 1997), 2.

Gemeinschaften"[121] Einzug in die Ausrichtung der Gemeinschaft. In der Annahme von Armut, Keuschheit, Gehorsam sehen die Schwestern und Brüder keine Gesetzlichkeit, sondern betrachten diese vielmehr als eine Lebensorientierung, in der sie die christliche Taufe als Gnade und *„das hohepriesterliche Gebet Jesu: ‚auf, dass alle eins seien' [...als...] Auftrag und Ziel "*[122] verstehen.

Die Aufgaben der Gemeinschaft in Selbitz sind diakonisch und seelsorgerisch ausgerichtet, was u.a. in der Gestaltung von spirituellen Auszeiten für Männer und Frauen und dem angegliederten Alten- und Pflegeheim (Walter-Hümmer-Haus) erkennbar wird. Daneben betreibt die Kommunität einen Kunst- und Buchverlag.

Die Christusbruderschaften Falkenstein und Selbitz unterhalten Tagungseinrichtungen für Freizeiten und Einkehrtagungen mit Meditation und Glaubensstärkung. Während die Falkensteiner ortsgebunden arbeiten, haben die Selbitzer Filiationen im Kloster Petersberg (Halle/Saale) und auf dem Hof Birkensee (Frankenalb) sowie in einigen Stadtkonventen.

---

[121]   „Christusbruderschaft heute", zugegriffen 13. Juli 2018,
https://christusbruderschaft.de/de/communitaet/christusbruderschaft-
heute.php.
[122]   Ebd.

4.2.1.3. Jesus-Bruderschaft e.V.

Wie auch die Communauté de Taizé ist die Jesus-Bruderschaft e.v. eine ökumenische Ausrichtung, die sich nicht nur allein aus evangelischen Christen zusammensetzt. In den 1950er Jahren kam es zu „*Ost-West Begegnungen [...] mit jungen Menschen [...aus denen sich über einen...] Gebetskreis [...in den 1960er Jahren] die verbindliche Lebensgemeinschaft*"[123] entwickelte. Ihre Impulse hat die Gemeinschaft aus verschiedenen Quellen bezogen. Besonders Dietrich Bonhoeffers Leben und Schriften, verschiedene Kommunitäten (u.a. Fokolar-Bewegung, Brüder vom gemeinsamen Leben) und Begegnungen mit Bruderschaften hatten einen prägenden Vorbildcharakter.

Die Arbeit der Jesus-Bruderschaft e.V. ist missionarisch ausgerichtet, dabei setzt die Gemeinschaft auf ein Modell des vorgelebten Glaubens, der zum Dialog und zum Nachfragen anregt. In dem Papier »*Together Towards Life: Mission and Evangelism in Changing Landscapes*« des ‚*Ökumenischen Rat der Kirchen*' ist diese Form als eine der möglichen Arten von Mission beschrieben, in der sich „*Christen und Christinnen [...] in ihrem eigenen Umfeld in Treue zu ihrem Glauben und voller Demut engagieren und vom Geist gestärkt werden, damit [...] der Geist Gottes [...] wirkt und Verwandlung herbeigeführt.*"[124] In dieser Form leben die Brüder und

---

[123] Halkenhäuser, *Kirche und Kommunität:Geschichte und Auftrag der kommunitären Bewegung in den Kirchen der Reformation*, XLII:227.

[124] „Gemeinsam für das Leben: Mission und Evangelisation in sich wandelnden Kontexten", 2012, Abs. 87, https://www.oikoumene.org/de/resources/documents/commissions/mission-and-evangelism/together-towards-life-mission-and-evangelism-in-changing-landscapes?set_language=de.

Schwestern der Gemeinschaft nicht abgeschieden in Klausur, sondern verkünden das Evangelium an ihren beruflichen Wirkungsstätten um *„Glauben und [...] Überzeugungen mit anderen Menschen zu teilen, sie zur Nachfolge einzuladen, [...] als Ausdruck"*[125] des Doppelgebots der Liebe.

Während die ehelos lebenden Brüder und Schwestern in vollkommener Gütergemeinschaft zusammenleben, geben die Familiengemeinschaften "den zehnten Teil [...ihres...] Einkommens der Jesus-Bruderschaft" und folgen damit nach ihrem Verständnis alttestamentlichen Vorgaben. (siehe hierzu Maleachi 3,10)

Neben einem Klosterladen, einer Buchhandlung und Einkehrhäusern betreibt die Gemeinschaft in Gnadenthal auch einen zertifizierten Biolandbetrieb. Ein weiterer eigenständiger Standort der Jesus Bruderschaft ist seit 1994 das Kloster Volkenroda.

---

[125] Ebd., Abs. 83.

4.2.2. Bruder- und Schwesternschaften, Offene Gemeinschaftsformen

4.2.2.1. Nagelkreuzgemeinschaft (Community of the Cross of Nails)

Die von der deutschen Luftwaffe 1940 zerstörte Kathedrale von Coventry ist ein Mahnmal, das für Frieden und Versöhnung in der Welt steht. Anstatt nach dem verheerenden Bombenangriff auf die englische Stadt mit Rache zu drohen und Hass zu schüren, erfolgte aus den Ruinen der Kathedrale in der Weihnachtsbotschaft des Jahres 1940 der Ruf nach Versöhnung. Symbolisiert wird dieser Ruf bis heute durch die Nagelkreuze, gebildet aus Zimmermannsnägeln der zerstörten Kathedrale. Der ehemalige Dompropst Richard Howard schuf noch während des Krieges die ersten Kreuze und verschenkte sie als einen bleibenden Hinweis auf Versöhnung und zur Erinnerung, dass die Zerstörung im Gedächtnis der Menschheit bleibt.

Der Wunsch zahlreicher Kirchen in den 1960er Jahren nach einer *„sichtbaren Verbindung mit Coventry [... wurde dadurch erfüllt, dass sie ...] das Nagelkreuz als ein Zeichen für Versöhnung und Neubeginn nach Zerstörung und Tod"*[126] erhielten. Diese Orte, die schnell als Nagelkreuzzentren bezeichnet wurden, verbindet eine gemeinsame Versöhnungslitanei, die an den meisten Orten jeweils freitags um 12.00 Uhr gebetet wird.

Die Nagelkreuzgemeinschaft ist keine klassische Bruder- oder Schwesternschaft, sondern vielmehr *„ein weltweites Netzwerk,*

---

[126] „Nagelkreuz: 1940 bis zur Gegenwart", zugegriffen 15. Juli 2018, http://nagelkreuz.org/nkg-international/coventry.

das sich in enger Verbindung zur Kathedrale von Coventry für Frieden und Versöhnung einsetzt. [Es will über die ...] Versöhnungsarbeit [... die ...] Wunden der Geschichte heilen, Unterschiede leben und Vielfalt feiern [..., um ...] eine Kultur des Friedens zu schaffen."[127] Die Mitglieder dieses Netzwerkes sind Einzelpersonen, aber auch Kirchen und Organisationen.

Um ihre Ziele zu erreichen, haben sich seit den 1970er Jahren, rund um die Versöhnungs- bzw. Nagelkreuzzentren, kleinere Gemeinschaften gebildet. Eine im Geiste des Heiligen Benedikts geschaffene *„gemeinsame Lebensordnung (Common Discipline) [..., die man in Coventry erarbeitet hat, soll dabei als eine ...] Anleitung zu einem neuen christlichen Lebensstil*"[128] bei der kirchlichen Erneuerungsarbeit und im weltweiten Versöhnungsdienst weiterhelfen. Die Glieder der Gemeinschaften können dabei in Ortsgemeinden eingebunden sein oder verständigen sich auf andere Lebensformen, aus denen sich dann evtl. *„eigene Gruppe[n] oder Kapitel bilden,*"[129] darüber hinaus ist eine Beteiligung an Hauskreisen (Foyers) ebenfalls möglich. Im Februar 1991 erfolgte eine die Bundesrepublik Deutschland umfassende und übergeordnete Gemeinschaftsgründung, deren Schwerpunkt in der Versöhnungsarbeit in Osteuropa liegt. Sie ist in ihrer Rechtsform als ‚*Nagelkreuzgemeinschaft in Deutschland e.V.*' ein eingetragener Verein.

---

[127] „Versöhnung".
[128] Reimer, *Verbindliches Leben in Bruderschaften, Kommunitäten, Lebensgemeinschaftem*, 97.
[129] „Lebensregeln", zugegriffen 15. Juli 2018, http://nagelkreuz.org/versoehnung/lebensregeln.

4.2.2.2. Familiaritas des ev.-luth. Klosters Amelungsborn

Der Geistliche Dirigent und spätere Geistliche Vizepräsident der ev.-luth. Landeskirche Hannovers, Christhard Mahrenholz, schuf in den 1960er Jahren die „*Grundstruktur für [... ein ...] Kloster auf Zeit.*"[130] Seine Idee war getragen davon, das 1135 von Zisterziensern gegründete Mönchskloster in Amelungsborn, wieder mit geistlichem Leben zu erfüllen. Dazu entwickelte er ein Modell einer Gemeinschaft, die sich einerseits aus Kirchenamtsträgern und andererseits aus einer Laienbruderschaft zusammensetzen sollte. Abt und Konvent, als Leitungsgremium des Klosters, müssen dazu bis heute lt. Kirchenverfassung Amtsträger der Landeskirche sein. Sie vertreten das Kloster vollumfänglich, das seit 1965 nicht nur eine „*geistliche Körperschaft in der Landeskirche [... ist, sondern darüber hinaus ...] landeskirchliche Aufgaben zu erfüllen hat.*"[131] Diese bestehen u.a. darin, das geistliche Leben im Kloster aufrecht zu erhalten. Mahrenholz, 1960 zum Abt vom Kirchensenat der ev.-luth. Landeskirche Hannovers berufen, schuf mit Bruderschaft (Familiaritas) und Konvent eine sich ergänzende *Geistliche Klosterfamilie*, die sich regelmäßig in verbindlicher Form im Kloster zusammenfindet. Das Kloster Amelungsborn mit Abt und Konvent ist, im Gegensatz zu anderen geistlichen Gemeinschaften, „*in der Verfassung einer Landeskirche verankert. [... Einige Gemeinschaften*

---

[130] Ev.-luth.Zisterzienserkloster Amelungsborn, Hrsg., „Manuale Amelungsbornense:Regeln für die klösterliche Familie" (Hamburg: Books on Demand, 2013), 3.

[131] „10 A Kirchenverfassung (KVerf) - Kirchenrecht Online-Nachschlagewerk", Teil V, Abschnitt 2, Andere Klöster, Artikel 113 Absatz 1, zugegriffen 12. Juli 2018, https://www.kirchenrecht-evlka.de/document/20813#.

verzichten auf eine kirchliche Einbindung, um nicht einen Teil ihrer Selbständigkeit aufgeben zu müssen. Dies bedeutet u.a. auch, *...] bewusst auf finanzielle Unterstützung [zu]verzichten.* "[132]

Die Familiaritas kommt zum brüderlichen Austausch und zur geistlichen Stärkung einmal monatlich für drei Tage zusammen. Neben Bibelstudium und Zeiten der Stille wurde zudem mit der Feier der Tagzeitengebete nicht nur eine mönchische, sondern auch eine alte Tradition des Zisterzienser-Ordens übernommen. Dieser sieht Amelungsborn in seiner besonderen Ausrichtung *„als weiterhin zum Orden gehörig"*[133] an und lädt u.a. den Abt regelmäßig als Gast zum Generalkapitel ein. Die Bruderschaft, die sich selbständig unter einem Ältestenkreis organisiert, wird in ihren Tätigkeiten geistlich von einem Spiritual des Konvents angeleitet. Sie ist durch zahlreich übernommene Aufgaben, die u.a. Pilgerbetreuung und Einkehrtagungen umfassen, mittlerweile „zum Träger des geistlichen Lebens geworden."[134] Die Brüder leben nach ihrer Aufnahmeverpflichtung, der eine dreijährige Noviziats- und Gästezeit vorausgeht, in einer Art geistlich und weltlich verbundenen Mischform und sind über das tägliche Brevier-Studium außerhalb des Klosters vereint. Die auf das zisterziensische Charisma ausgerichtete Gemeinschaft sieht sich *„im Alltag [... auf der ...] Suche nach Einfachheit, Authentizität und Ganzheitlichkeit im Glauben und*

---

[132] Kirchenamt der EKD, *Verbindlich leben:Kommunitäten und geistliche Gemeinschaften in der Evangelischen Kirche in Deutschland*, 88:23.
[133] Anna-Maria aus der Wiesche und Frank Lilie, *Kloster auf Evangelisch:Berichte aus dem gemeinsamen Leben* (Münsterschwarzach: Vier Türme, 2016), 51.
[134] Ebd.

Leben im Sinne der zisterziensischen Spiritualität mit dem Kreuz Christi im Zentrum. "[135]

4.2.2.3. GRUPPE 153 – Ev.-luth.-Missionsdienst e.V.

Im Johannes Evangelium heißt es: *„Simon Petrus stieg herauf und zog das Netz an Land, voll großer Fische, hundertdreiundfünfzig. Und obwohl es so viele waren, zerriss doch das Netz nicht.“* [(Joh.21,11)] Der Name der nicht in vita communis lebenden Gruppe fußt auf der Anzahl der Fische in diesem Text, den die Gruppe sinnbildlich für die Vielzahl der Völker interpretiert, auch wenn die genaue Symbolik im wissenschaftlichen Kontext heute nicht mehr genau nachvollziehbar ist. Entstanden ist die Gruppe während der NS-Zeit *„aus einer missionarischen Jugendarbeit in Hannover.“*[136] Die Entstehung und Arbeit der Gruppe ist seither auch durch engen Kontakt und Beziehungen zu *„den Missionarischen Diensten der Ev.-luth. Landeskirche Hannovers und dem Ev.-luth. Missionswerk in Niedersachsen (früher Hermannsburger Mission)“*[137] freundschaftlich verbunden. Einer der Impulsgeber der GRUPPE 153 in den 1970er Jahren war der Theologe Klaus Vollmer, der 1977 die evangelische Bruderschaft der Kleinen Brüder vom Kreuz (heute Evangelische Geschwisterschaft) gründete.

---

[135] Ebd., 52.
[136] „Image Faltblatt der Gruppe 153", zugegriffen 9. Juli 2018, https://www.gruppe153.de/fileadmin/user_upload/2649_ImageFaltblatt _Gruppe153.pdf.
[137] „Selbstverständnis der Gruppe 153", zugegriffen 9. Juli 2018, https://www.gruppe153.de/gruppe-153/selbstverstaendnis.html.

Die Glieder der offen gestalteten Gemeinschaft haben 7 Grundregeln für sich festgelegt und sehen sich als Weggemeinschaft an, die sich im gegenseitigen Austausch und durch regelmäßig stattfindende Treffen auf ihren Glaubenswegen unterstützt. Zudem veranstaltet die Gemeinschaft Wochenendseminare zu verschiedensten Themen und ‚*Laientheologische Tagungen*'. Neben der Arbeit mit Studenten organisiert die Gruppe zudem verschiedene Einkehrarbeiten, die u.a. in Zusammenarbeit mit dem Ev.-luth. Missionswerk Hermannsburg bzw. dem Benediktinerpriorat Damme stattfinden.

Das Hauptanliegen der Gruppe 153 definiert sich über die Weitergabe des Evangeliums an alle Völker, basierend auf dem Johannestext und dem Begreifen und Gestalten der Einheit des Glaubens auf Grundlage „*religiöser Erfahrung [...], geistiger Klarheit und [...] gelebter Gemeinschaft.*"[138]

---

[138] „Geistlicher Leitfaden März 2015", zugegriffen 8. Juli 2018, https://www.gruppe153.de/fileadmin/user_upload/Gruppe_153_Geistl_Leitfaden_Maerz_2015.pdf.

4.2.3. Familiengemeinschaften und -Kommunitäten, Lebensgemeinschaften

4.2.3.1. Laurentiuskonvent e.V.

Der Laurentiuskonvent e.V. ist ein Netzwerk von Einzelpersonen und Familien, die an verschiedenen Standorten und in unterschiedlichen Gemeinschaftsformen zusammenleben. Der Laurentiuskonvent e.V. ist, wie der Name bereits ausdrückt, ein eingetragener Verein mit Satzung und Vorstand. Gegründet wurde die Gemeinschaft zunächst als kommunitäre Gruppe in Falkenburg von Wilfried Warneck, der im Vorfeld der Gründung 1959, zwei Jahre mit den Brüdern der Communauté de Taizé zusammenlebte. Daher ist es nicht verwunderlich, dass Impulse von dort mit in den Laurentiuskonvent einflossen. Weitere Einwirkungen stammen aus *„Erfahrungen [...] der evangelischen Jungenschaft, der Studentengemeinde, Jungen Gemeinde [sowie] der [Kommunität ...] Imshausen.* "[139]

Das Besondere am Laurentiuskonvent ist sicherlich, dass sich hier nicht eine einzelne Gemeinschaft formiert hat, sondern es sich im Prinzip um mehrere einzelne familiäre Gemeinschaften handelt, die sich in verschiedenster Weise entweder in Haus- oder Nachbarschaftsgemeinschaften zusammenschließen. Der übergeordnete Konvent hilft den einzelnen Gruppen *„im konziliaren Prozess für Gerechtigkeit, Frieden und Bewahrung der Schöpfung [und ...] versteht sich als eine Form konkreter Gemeinde Jesu Christi. [Dabei vereint der Laurentiuskonvent ...] Menschen, die*

---

[139]   Reimer, *Verbindliches Leben in Bruderschaften, Kommunitäten, Lebensgemeinschaftem*, 158.

bereit sind [...] in verbindlicher und ganzheitlicher Weise gemeinsam zu leben. "[140]

Das gemeinsame Leben kann in verschiedensten Formen erfolgen, die von *„Nähe und Distanz, von Beteiligtsein und Randständigkeit [... gekennzeichnet sein können. Dabei wird innerhalb der Gruppen immer Bezug genommen auf die besonderen Lebensumstände, seien sie nun bedingt durch die ...] familiäre [...], berufliche [...oder ...] lebensgeschichtliche [...] Lage*"[141] des Einzelnen. Neben dem gemeinschaftlichen Leben mit Gebet und Bibelteilen, nehmen die Mitglieder sowohl soziale als auch Friedens- und Entwicklungsaufgaben war. Jede Haus- oder Nachbarschaftsgemeinschaft regelt das Zusammenleben und ihre gemeinschaftliche Ausrichtung eigenverantwortlich für ihre jeweiligen Standorte „in der gemeinsamen Willensbildung [... oder im ...] Konsensprinzip." Dies betrifft ebenfalls den Lebensstil, die spirituelle Orientierung, aber auch die Verwendung von Eigentum und Geldern der gemeinschaftlichen Kasse.

Die Mitgliedschaft im Laurentiuskonvent e.V., bedingt genau wie in den Gemeinschaften selber, nicht die Aufgabe der eigenen Konfession. Ein Modell, das ihren Ursprung in der Communauté de Taizé hat und dadurch die Glieder aus ihrem eigenen

---

[140] „Vielfalt – keineswegs Beliebigkeit:Konkrete Gemeinde Jesu", zugegriffen 11. Juli 2018,
http://wp.laurentiuskonvent.de/wordpress/uberuns/.

[141] Wiesche und Lilie, *Kloster auf Evangelisch:Berichte aus dem gemeinsamen Leben*, 126.

Glaubensverständnis heraus bewegen soll, *„zur Erneuerung der Kirche und Veränderung der Welt beizutragen.“*[142]

4.2.3.2. Bruderhöfe

In dem Holzland-Bruderhofhaus im thüringischen Bad Klosterlausnitz (gegr. 2004) und dem hessischen Sannerz-Bruderhofhaus in Sannerz (gegr.2002) haben sich zwei Bruderhofgemeinschaften angesiedelt, die ihren Ursprung im Bruderhof von Eberhard und Emmy Arnold haben. Bedingt durch die NS-Zeit und die gewaltsame Auflösung 1937 durch die Gestapo, hatte dieser erste Bruderhof keinen Fortbestand im Deutschen Reich. Einige der Gemeinschaftsglieder konnten über Holland und England flüchten und formierten sich neu in Paraguay. Weitere Standorte entstanden von dort ausgehend zunächst in den USA (u.a.1954 - Hudson Valley, New York), in England (u.a.1971 - Darvell, East Sussex) und später Australien (u.a.1999 – Elsmore, NSW). Die Gemeinschaftsbewegung kehrte erst wieder in den 2000er Jahren zurück nach Deutschland.

Die Bruderhofgemeinschaften sind an insgesamt 23 Standorten weltweit mit etwa 2700 Gliedern vertreten und bilden Gemeinschaften, die *„als ein Bund von Familien und Singles [...] im Geiste der ersten Gemeinde in Jerusalem Jesus ohne Kompromisse nachfolgen wollen.“*[143] Um dieser Aufgabe gerecht zu werden, leben

---

[142] „Vielfalt – keineswegs Beliebigkeit:Konkrete Gemeinde Jesu".
[143] „Unser Gelübde", zugegriffen 2. Juli 2018, https://www.bruderhof.com/de/unser-glaube/grundlagen/gemeindeordnung/unsere-gelübde.

die Glieder in vollkommener Gütergemeinschaft und verzichten auf jeglichen Privatbesitz. Kinder, die auf den Bruderhöfen aufwachsen, werden nicht automatisch Glieder der Bruderhofgemeinschaft. Sie müssen sich im Erwachsenenalter explizit dazu entscheiden oder den Bruderhof verlassen.

Wichtig für die Mitgliedschaft in den Bruderhofgemeinschaften ist die Geist- oder auch Erwachsenentaufe. Dies zeigt deutlich die Nähe zur reformatorischen Täufer-Bewegung, die sich auch in ihrem Selbstzeugnis äußert. Die Gemeinschaften verstehen sich als *„protestantisch in dem Sinne, dass [... sie ...] nicht katholisch sind."* Eine Zuordnung zu einer der konfessionellen Kirchen wird daher auch abgelehnt. Die Bruderhöfe haben eine eigene pastorale Struktur, die sich aus den Gemeinschaften selber herausbildet und verstehen sich mehr als eigenständige Kirche, die nur auf Jesus Christus ausgelegt ist. In der Gemeinschaftsordnung wurde daher auch festgelegt, dass die Glieder bei Aufnahme keiner anderen Kirche mehr angehören dürfen. Im Abs. 37 dieser Gemeinschaftsregel ist daher zu lesen: *„Die Mitgliedschaft in jeder anderen Konfession oder Religionsgemeinschaft ist zu beenden."*[144]

4.2.3.3. Offensive Junger Christen e.V.

Die 1960er Jahre in Deutschland waren geprägt von Auseinandersetzungen und Unruhen, die zu Studentenprotesten und Demonstrationen gegen Establishment und Regierung führten. Aus

---

[144] „Gemeindeordnung:Mitglied werden", Abs. 37, zugegriffen 14. Juli 2018, https://www.bruderhof.com/de/unser-glaube/grundlagen/gemeindeordnung/mitglied-werden.

dieser deutschen Kulturrevolution haben sich nicht nur langfristig verschiedene Reformen herausgebildet, sondern sie hat auch das Denken von Menschen nachhaltig beeinflusst. Vor diesem Hintergrund, im Besonderen der 1968er Studentenunruhen, entstand *„das Experiment eines gemeinsamen Lebens [... aus dem sich ...] die ökumenische Kommunität Offensive Junger Christen (OJC) mit mehr als 100 Mitlebenden und Mitarbeitenden"*[145] herausbildete. Gründer bzw. Initiatoren der Gemeinschaft, die in der Form einer Großfamilie zusammenlebt, sind das Ehepaar Horst-Klaus und Irmela Hofmann. Durch die Tätigkeit von Horst-Klaus Hoffmann beim CVJM ist von dort die geistliche Basis in die Gemeinschaft eingezogen. Zudem erhielt die OJC weitere Impulse aus *„der Oxford-Gruppenbewegung und Dietrich Bonhoeffers Vision vom gemeinsamen Leben."*[146]

Das Leben in der Gemeinschaft wird geprägt durch gemeinsame Gebetszeiten, Bibellese und gegenseitigem brüderlichen bzw. schwesterlichen Austausch, zudem ist die „morgendliche Stunde der Stillen Zeit"[147] *verbindlich für alle. Es hat sich keine eigenständige Gottesdienstform herausgebildet, weil sich die Offensiven Jungen Christen als Teil der weltweiten Christenheit verstehen und so von Anfang an eine Einbindung in die evangelische oder katholische Ortsgemeinde erfolgte. Trotz allem gibt es eigene liturgische Elemente, die innerhalb der Gruppe entstanden sind. Hierzu gehört u.a. die samstagabendliche Begrüßung des Sonntags,*

---

[145] „Geschichte der Offensiven Jungen Christen", zugegriffen 15. Juli 2018, https://www.ojc.de/kommunitaet/leitbild/geschichte/.

[146] Ebd.

[147] Reimer, *Verbindliches Leben in Bruderschaften, Kommunitäten, Lebensgemeinschaftem*, 166.

in der eine „kleine Liturgie [...] Raum für Lieder, Gebete und Segen
[... gibt und zu der das ...] Entzünden der Kerzen, Wein und Hefezopf
[...] weitere unverzichtbare Bestandteile"[148] *dieser Feier wurden.*
Neben regelmäßigen wöchentlichen Abendmahlsfeiern gibt es
weitere, auf den kirchlichen Kalender bezogenen, besondere
Tagesfeiern.

Für die Gemeinschaft und ihre Glieder ist ihr Christsein
immer eingebunden in das aktuelle Zeitgeschehen, das durch aktive
Medienarbeit kommentiert und christlich gewertet wird. Als
besonders wichtigen Schwerpunkt wird die „praktische Einübung
ein[es] Christsein mit der Konsequenz eines verantwortlichen
Lebensstils"[149] *betrachtet. Die Gruppe selber setzt sich aus den*
verschiedensten Charakteren zusammen, das heißt, sie umfasst
gleichzeitig „in die Jahre gekommene Alt-68er, [...] Singles,
Ehepaare und Familien [..., aber auch Menschen, die entweder ...]
Pioniere und Bewahrer [... oder ...] Lobpreiser und Hochliturgen"[150]
sein können.

---

[148] „Feste und Feiern", zugegriffen 15. Juli 2018,
       https://www.ojc.de/kommunitaet/liturgie/feste-feiern/.
[149] Reimer, *Verbindliches Leben in Bruderschaften, Kommunitäten,*
       Lebensgemeinschaftem, 166.
[150] Wiesche und Lilie, *Kloster auf Evangelisch:Berichte aus dem*
       gemeinsamen Leben, 67.

5. Spannungsfelder in der reformatorischen Tradition

5.1. Bedeutung der reformatorischen Tradition für Kommunitäten und Geistliche Gemeinschaften

Die theologische Frage, ob Kommunitäten, Bruder- und Schwesternschaften oder allgemein Geistliche Gemeinschaften mit der reformatorischen Tradition vereinbar sind, hat die EKD seit den 1990er Jahren positiv beantwortet. Nach zahlreichen inhaltlichen Auseinandersetzungen wurden entsprechende Beschlüsse von VELKD, EKD und verschiedenen Landeskirchen verabschiedet, die eine Anerkennung dieser Lebensmodelle formulierten, auch wenn einige Fragen offenbleiben mussten. Einige der diesen Beschlüssen vorausgegangenen theologischen Pro- und Contra-Betrachtungen, sind in der Schrift *»Modelle gelebten Glaubens«* behandelt, die im Auftrag der Lutherischen Bischofskonferenz bereits 1976 veröffentlicht wurde.

Die bayerische Landeskirche veröffentlichte zudem 1990 eine Erklärung zum Selbstverständnis der Evangelischen Kommunitäten, in der sie auf wichtige theologische Fragen näher eingegangen ist. Danach kann man festhalten, dass die *„Kommunitäten eine Erneuerungsbewegung der Kirche"*[151] im Verständnis einer *Ecclesia semper reformanda* sind. Dagegen blieben die Fragen von rechtlichen Rahmenbedingungen oder ob *„Kommunitäten einen bestimmbaren Ort neben den Ortsgemeinden*

---

[151] Wilckens, *Die evangelischen Kommunitäten:Bericht des Beauftragten des Rates der Evangelischen Kirche in Deutschland für den Kontakt zu den evangelischen Kommunitäten*, 62:46.

und den kirchlichen Werken"[152] haben, in der Erklärung unbeantwortet.

Nach Ansicht von Jürgen Johannesdotter haben die Geistlichen Gemeinschaften bereits heute einen Bereich innerhalb der kirchlichen Strukturen eindeutig besetzt. Er verweist darauf, dass die evangelischen Kommunitäten und Bruder- und Schwesternschaften *„ein Zeichen der Erinnerung an die Einheit der Kirche"*[153] darstellen und deutet damit an, dass sie gerade durch ihre ökumenischen Ausrichtungen wichtige Bindeglieder zwischen den Konfessionen sind. Durch den von den Gemeinschaften geprägten *„ökumenischen Horizont [...werden die...] konfessionellen Unterschiede [...zwar...] nicht überwunden, [...] treten aber zugunsten der gemeinsamen und grenzüberschreitenden Orientierung an Christus"*[154] in den Hintergrund.

In den weiteren Ausführungen sollen nun ergänzend weitere Spannungsfelder betrachten werden, die sich nach wie vor aus der Ausrichtung und dem Verständnis der Gemeinschaften, in Bezug auf die reformatorische Tradition, ergeben können.

---

[152] Ebd., 62:47.
[153] Wiesche und Lilie, *Kloster auf Evangelisch:Berichte aus dem gemeinsamen Leben*, 6.
[154] Kirchenamt der EKD, *Verbindlich leben:Kommunitäten und geistliche Gemeinschaften in der Evangelischen Kirche in Deutschland*, 88:20.

5.2. Spannungsfelder in Leben, Bekenntnis und Verständnis

5.2.1. Ewiges Gelübde

Bernhard Lohse identifiziert in seinem Aufsatz über *»Luthers Kritik am Mönchtum«*[155] sechs Punkte, die seiner Meinung nach in der Betrachtung heutiger Gemeinschaften, trotz Anerkennung durch kirchliche Gremien, weiterhin theologisch kritisch zu sehen sind. Er stützt sich dabei auf Ausführungen von Philipp Melanchton im Augsburger Bekenntnis und Schriftsätze Martin Luthers. Lohses These besagt, dass die Kritik der Reformatoren am Mönchtum nicht nur eine zeitlich-historische Kritik war. Damit beanstandet er gleichfalls, dass die evangelischen Kirchen im 20. Jahrhundert *„erstaunlich schnell über Luthers Kritik am Mönchtum [hinweggegangen und] zur Tagesordnung übergegangen sind."*[156]

Die Kritik der Reformatoren befasste sich demnach nicht nur mit Missständen innerhalb der Klöster, sondern setzte sich mit wesentlichen theologischen Aspekten des Mönchtums auseinander. Dies wird gerade innerhalb der 1521 von Luther verfassten Schrift *»De votis monasticis iudicium«* ersichtlich. Die als Gutachten verfasste Abhandlung setzt sich in fünf Abschnitten ausführlich mit den aus reformatorischer Sicht wichtigen Kernpunkten des Mönchgelübdes auseinander. Im Gegensatz zu Andreas Karlstadt und Philipp Melanchton folgt Luther darin nicht der Auffassung der Nichterfüllbarkeit von Gelübden. Vielmehr baut er seine

---

[155] Bernhard Lohse, *Luthers Kritik am Mönchtum*, Evangelische Theologie (Gütersloh: Gütersloher Verlagshaus, 1960), 432, https://doi.org/https://doi.org/10.14315/evth-1960-8-905.

[156] Ebd., 414.

Argumentation auf der Grundlage der vor Gott wohlfälligen und gottlosen Gelübde auf.

Luthers Beweisführung versucht darzulegen, dass ein Mönchsgelübde nicht Gottes Wort entspricht, weil die in den Gelübden enthaltenen evangelischen Räte allen Christen in ihrer Lebensführung auferlegt sind. Ferner führt er aus, dass es dem Glauben entgegenwirkt, weil ein Gelübde als Gesetzescharakter mit seiner ewigen Bindung nicht durch die Heilige Schrift legitimiert wird. (Hans Frhr. v. Campenhausen äußerte Ende der 1940er Jahre, dass diese asketische Gesetzesthematik der ewigen Bindung erstmals bei Ignatius von Antiochien zu finden ist.) Luther führt weiter an, dass die evangelische Freiheit, die einem Christenmenschen in der Taufe und durch die Gnade Gottes gegeben wurde, dem Gelübde grundsätzlich widerspricht; es steht seiner Auffassung nach auch gegen die Gebote Gottes selbst, insbesondere dem Gebot der Nächstenliebe und dem ersten Gebot, nämlich dem Glaubens an den einen Gott. Weiterhin macht Luther deutlich, dass der Mensch die Größe Gottes nicht erfassen kann und somit ein Gelübde auch der Vernunft (ratio) entgegensteht. Verfolgt man diesen letzten Ansatz Luthers auf soziologischer und anthropologischer Ebene weiter, muss man feststellen, dass der Mensch weder die Größe Gottes noch sein zukünftiges Leben und Wirken vollumfänglich überblicken kann. Danach könnte man meinen, dass Luther in abgewandelter Form doch dem Nichterfüllbarkeits-Prinzip von Karlstadt und Melanchton zustimmte.

Auch wenn Luthers Schrift dazu beigetragen hat, *„daß [sic] das Mönchtum auf dem Boden der Reformation ein Ende fand"*, hat er die Möglichkeit eines „*Mönchtum im Sinne eines weltlichen Berufes gelten"* lassen.[157] Dies wurde bereits in den vorausgegangenen Ausführungen (siehe Kapitel ‚Fraterhäuser und die Gemeinschaft der Brüder vom Gemeinsamen Leben') im Briefwechsel zwischen ihm, dem Herforder Frater-Haus und dem Oldenstätter Abt Heino Gottschalk deutlich.

Die theologischen Aspekte Luthers (wie aber auch der anderen Reformatoren) müssen daher bewusst weiterhin in Gesprächen mit Bruder- und Schwesternschaften vorgebracht werden, um die von ihnen formulierten Auffassung zu hinterfragen, auch wenn viele der Kommunitäten meist anstatt ‚*Gelübde'* andere Umschreibungen hierfür verwenden. Die bayerische Landeskirche hat diesen Punkt in ihrer »*Erklärung zum Selbstverständnis der Evangelischen Kommunitäten«* daher sicherlich aus gutem Grund mit einfließen lassen und einige Gemeinschaften gehen in ihren Regeln und Ordnungen explizit auf diesen Kritikpunkt Luthers ein.

Daraus kann man indirekt ableiten, dass Gemeinschaften, die keine solche Klausel oder Auffassung haben, am Randbereich der Prinzipien der Reformatoren stehen. Im Gegensatz zu dieser Auffassung, die von Lohse und Luther gestützt wird, sah aber der Schweizer Theologe Walter Nigg, dass auch neue Gemeinschaften, um nicht als irgendein beliebiger Verein gesehen zu werden, in ihren

---

[157] Bernhard Lohse, *Luthers Theologie in ihrer historischen Entwicklung und in ihrem systematischem Zusammenhang: Luthers Theologie in ihrer historischen Entwicklung und in ihrem systematischen Zusammenhang* (Göttingen: Vandenhoeck & Ruprecht, 1995), 161.

„Satzungen verpflichtende Gelübde [...integrieren müssen,...] die auf dem religiösen Opfergedanken"[158] aufbauen.

Hingegen muss man den Gedanken des Gelübdes oder der Profess zunächst als ein *„nach dem allgemein kirchlichen Verständnis [...] öffentliche[s] Bekenntnis eines Christen sehen,"*[159] der damit einer für ihn gesehenen wichtigen Lebensaufgabe freiwillig zustimmt. Aber genauso wie jemand freiwillig ‚ja' sagt, sollte auch die Möglichkeit bestehen, später ‚nein' zu sagen. Eine Entscheidung, die als letzter Schritt gesehen werden muss, wenn interne und externe, persönliche und gemeinschaftliche Bedürfnisse, nach vorhergegangenen brüder- oder schwesterlichem Austausch, nicht mehr zusammenpassen. Gemeinschaften, die sich dieser Option verschließen und Verpflichtungen und Gelübde nur als lebenslang bindende und unauflösbare Gelübde anerkennen, entfernen sich von Kernpunkten reformatorischer Tradition.

Eine der möglichen Regelungsformen für ein lösbares Versprechen wird aus den Gemeinschaftsregeln der Bruderhöfe ersichtlich, denn hier wird eindeutig herausgestellt: *„Durch die Gelübde haben wir uns für ein verbindliches Leben vor Gott und unseren Brüdern und Schwestern entschieden. Es bleibt aber wahr, dass jeder frei ist zu gehen, wenn er nicht mehr von ganzem Herzen Gemeinschaft leben kann."*[160] Da das Verlassen eines Ordens bereits in vorreformatorischen Zeiten schon nicht auszuschließen war, findet

---

[158] Jaspert, *Mönchtum und Protestantismus:Probleme und Wege der Forschung seit 1877*, 2011, 5:728.

[159] Halkenhäuser, *Kirche und Kommunität:Geschichte und Auftrag der kommunitären Bewegung in den Kirchen der Reformation*, XLII:428.

[160] „Unser Gelübde", Abs. 41.

man bereits in älteren Ordensregeln Passagen, die in die Regelwerke der Orden mit aufgenommen wurden, so etwa in der Benediktusregel. (RB 29 1-3/ RB 58, 27-29)

5.2.2. Glied einer Gemeinschaft

Wie bereits bei der Betrachtung des Gelübdes ersichtlich, kommt Lohse zu der Ansicht, dass der Entschluss, ein Leben im Kloster oder einer Kommunität zu verbringen, *„nur [...] als persönlich gewiesene[r] Weg"*[161] verstanden werden kann. Ergänzend gesagt, kann dieser persönliche Weg, den jemand als Bruder oder Schwester einer Gemeinschaft einschlägt, zumindest aus reformatorischer Sicht nicht dazu führen, dass der oder diejenige dadurch eine besondere Stellung erreicht, mehr errettet oder gesegnet ist oder gar einen höherwertigen Stand in der Gemeinschaft der Christen erhält. Sollte man eine solche äußerlich sichtbare Wandlung zu einem vermeintlich besseren ‚Christsein' in einer Gruppe wahrnehmen, so ist es fraglich, ob diese Gemeinschaft dann wirklich auf Grundlage reformatorische Ansichten lebt. Denn danach ist jeder Christ, unabhängig von Stand oder Herkunft, durch die Erlösungstat von Jesus Christus ohne Vorbedingung gerettet. Das heißt, nicht die äußere Form wie man Glauben lebt, sei es als Single, in der Familie, in einer Bruderschaft oder Kommunität, ist für das Heilsgeschehen entscheidend, sondern das Bekenntnis zum Glauben selber.

Eine solche äußerliche Wandlung wird nicht durch das Tragen eines Habits oder geistlichem Gewands, der Form von

---

[161]   Lohse, *Luthers Kritik am Mönchtum*, 432.

Liturgie oder Dienst dokumentiert, sondern wird erst sichtbar in der inneren Gemeinschaftsausrichtung, in der z.B. nur diese <u>eine</u> Form von Dienst, Verpflichtung oder Ausrichtung des gelebten Glaubens die Gnade Gottes verspricht. Daher muss hier verständlicherweise der reformatorische Grundsatz herausgestellt werden, dass alle Christen *„seit ihrer Taufe zu einem apostolischen Leben berufen"*[162] sind und dass die gewählte Form, etwa eines verbindlichen Lebens in einer Gemeinschaft, nur eine davon darstellt. Die Communität Christusbruderschaft Selbitz führt dies auch in ihren Regeln aus, indem sie bekundet: *„Du bist eins [...] mit allen, die an Jesus Christus glauben und [...] getauft sind."*[163] Daher sehen die Glieder der Gemeinschaft die Annahme der evangelischen Räte lediglich als helfende Lebenshaltungen für den Einzelnen und nicht als besonderes Herausstellungsmerkmal christlich geführten Lebens.

Festzuhalten ist, dass mit dem Eintritt in eine Gemeinschaft auf bestimmte Möglichkeiten, *„seinen christlichen Glauben zu leben,"*[164] verzichtet wird. Je nach Ausrichtung der Gemeinschaft kann diese Askese sehr unterschiedlich geschehen und sich als Vor- und auch Nachteil zeigen. So kann einerseits die Annahme von Keuschheit den Verzicht auf eigene Kinder bedeuten, aber andererseits eine *„von Gott [...] zugewiesene Lebensordnung und [...] Dienst am anderen Menschen"*[165] darstellen und dem christlichen

---

[162] Wilckens, *Die evangelischen Kommunitäten:Bericht des Beauftragten des Rates der Evangelischen Kirche in Deutschland für den Kontakt zu den evangelischen Kommunitäten*, 62:43.

[163] „Regel:Communität Christusbruderschaft Selbitz", 12.

[164] Lohse, *Luthers Kritik am Mönchtum*, 432.

[165] Reimer, *Verbindliches Leben in Bruderschaften, Kommunitäten, Lebensgemeinschaftem*, 23.

Liebesgebot eine weitere Dimension hinzufügt, die dem Einwand aus Luthers Schrift *»De votis monasticis iudicium«,* nämlich den göttlichen Geboten, widerspricht. Die Verpflichtung innerhalb der Gemeinschaft dient somit nicht einem Selbstzweck im Sinne der Werkgerechtigkeit, sondern muss verstanden werden im Zusammenhang mit dem Dienst am Nächsten wie er auch in der reformatorischen Tradition gesehen wird.

5.2.3. Rechtfertigungslehre

Die Rechtfertigungslehre ist ein elementarer Bestandteil der evangelischen Kirchen und gehört unabdingbar zu dem Glaubens-Grundverständnis protestantischer Christen. Die Botschaft der Rechtfertigungslehre muss, so Johannes Hanselmann, genauso wie auch die *„Einbindung in die Kirche [...als...] unverzichtbare Äußerung der sozialen Gestaltung von Glaube"*[166] gelebt werden. Wo diese Botschaft im Handeln und Leben von Gemeinschaften nicht aufgegriffen wird, entziehen sich diese klar dem Bekenntnis evangelischer Tradition. In diesem Zusammenhang zitiert Hanselmann eine Aussage des Casteller Rings, die besagt, dass die Gemeinschaft Kirche leben will.

Daher ist es sicherlich wichtig hervorzuheben, dass in einer wie auch immer gelebten kirchlichen Gemeinschaft, die in der reformatorischen Tradition lebt, die Anerkennung und Ausrichtung an der Rechtfertigungslehre einen nicht verzicht- und verhandelbaren Teil darstellt. Das wird bereits deutlich in dem Bericht über das

---

[166] Mohaupt, *Modelle gelebten Glaubens*, 28.

Arbeitsergebnis der Klausurtagung der Bischofskonferenz (09.-13.05.1976), in der bewusst geäußert wird, dass man festgestellt hat, dass Gemeinschaften *„ beispielhaft zum Ausdruck [bringen], wie sehr [... sie ...] in unserem Alltag Gottes bedürfen [... und das ...] diese Kommunitäten als Glieder der lutherischen Kirche auf der Basis der Heiligen Schrift stehen und die Rechtfertigung allein aus dem Glauben leben wollen. "*[167]

Hans-Otto Wölber betont aber auch, dass die Rechtfertigungslehre nicht missverstanden und als Alibi verstanden werden darf *„für [eine] schwächliche Ausdruckform, mangelndes Temperament und geringe Erlebnisintensivität, "*[168] weil man Leistungsdenken und Werkgerechtigkeit in einer anders gelebten Spiritualität oder Form gelebten Glaubens vermutet. Dass besondere spirituelle Ausdrucksformen, wie z.B. eine Gebetshaltung, nicht darauf abzielen, ist in verschiedenen Gemeinschaftsregeln ersichtlich. Dort, wo der gelebte Glauben und das Lob Gottes als ein zentrales Element mönchischer und christlicher Tradition im Vordergrund stehen, werden *„Liturgische Gebetshaltungen [...] keine Formalien, sondern Hilfen [... für die geistige, seelische und körperliche Erfahrbarkeit, deren Anwendung ...] jedem freigestellt sind. "*[169]

---

[167] *Lutherische Generalsynode 1976: Bericht über die fünfte Tagung der fünften Generalsynode der Evangelisch-Lutherischen Kirche Deutschlands vom 26. bis 29. Oktober 1976 in Bückeburg* (Hamburg: Lutherisches Verlagshaus, 1977), 306.

[168] Mohaupt, *Modelle gelebten Glaubens*, 71.

[169] Ev.-luth.Zisterzienserkloster Amelungsborn, „Manuale Amelungsbornense:Regeln für die klösterliche Familie", 44.

5.2.4. Armutsideal

Eduard Lohse wies im Jahre 1976 in seiner Stellungnahme zu den Kommunitäten darauf hin, dass es bei dem Armutsbegriff nicht ausschließlich um die soziale Komponente der Besitzlosigkeit geht. Im Rückgriff auf das Alte Testament zeigte er auf, dass dieser Begriff umfassender betrachtet werden muss. Demnach betrifft die vielfach von den Gemeinschaften zitierte Bergpredigt nicht die äußere Armut. Armut im biblischen Sinne ist nach Lohses Auffassung vielmehr ein Frömmigkeitsideal, dass einen Menschen als jemanden definiert, *„der auf Gott angewiesen"*[170] ist. Einen weiteren Ansatz für das Armutsideal wurde von Friedrich Heiler definiert. Er sah darin, dass *„asketische Virginitätsideal [... welches aber nicht den ...] in anderen Religionen begegnenden magische[n] Reinheitsvorstellung"*[171] gleichgestellt ist, sondern immer schon ein tief verankertes Ideal im christlichen Mönchtum darstellt. Des Weiteren führt Heiler die Grundlage des Virginitätsideals, zu dem er neben der Armut auch Gehorsam und Keuschheit zählt, d.h. die klassischen evangelischen Räte, zurück auf Vorstellungen des Frühchristentums. Damit widersprach er der Auffassung zahlreicher Protestanten und Theologen, die in den evangelischen Räten eine *„Rückprojizierung späterer katholischer Entwicklungen (Mönchsgelübde)"*[172] sahen.

In der Rückbesinnung auf das frühe Christentum werden für die freiwillige Annahme der Armuts- oder

---

[170]   Mohaupt, *Modelle gelebten Glaubens*, 43.
[171]   Jaspert, *Mönchtum und Protestantismus:Probleme und Wege der Forschung seit 1877*, 2011, 5:203.
[172]   Ebd., 5:204.

Gütergemeinschaftsverpflichtung regelmäßig zwei neutestamentliche Stellen, etwa das Markus Evangelium [Mk 10,21] und die Apostelgeschichte [Apg 4,32], angeführt. Das Gleichnis im Markus Evangelium vom reichen Jüngling wird dabei teilweise noch ergänzt durch Matthäus 6,21: ‚*Denn wo dein Schatz ist, da ist auch dein Herz.*‘

Damit wollen auch die heutigen Gemeinschaften darauf hinweisen, dass ihr gewählter Lebensstil eine Möglichkeit darstellt, dass ein Bruder oder eine Schwester freier im Handeln ist, in der alleinigen Ausrichtung des Lebens hin zu Gott. Diese Hinwendung darf natürlich nicht als „*ein höherwertiges Christsein [... verstanden werden, sondern muss vielmehr ...] als geistlich-dynamische Grundhaltung evangelischer Freiheit*"[173] gewahrt bleiben.

Neben der bereits beantworteten theologischen Frage, wie das Armutsideal in der reformatorischen Tradition gesehen werden darf, muss zudem sicherlich innergemeinschaftlich die eher praktische Frage geklärt werden, was mit gemeinsam erwirtschafteten oder beim Eintritt eingebrachten Gütern, beim Verlassen von Glieder aus der Gemeinschaft geschieht. Diese soziologische und sicherlich rechtliche Problemstellung scheint aber derzeit nicht im Fokus der einzelnen Gemeinschaften zu stehen. Hier sei allerdings noch einmal das Gelübde der Bruderhöfe hervorzuheben, die sich in ihrer Gemeindeordnung ebenfalls damit befasst haben. Daraus kann indirekt abgeleitet werden, dass

---

[173] Wilckens, *Die evangelischen Kommunitäten:Bericht des Beauftragten des Rates der Evangelischen Kirche in Deutschland für den Kontakt zu den evangelischen Kommunitäten*, 62:44.

ausscheidende Glieder keinen Anspruch auf das auch von ihnen erarbeitete Eigentum der Gütergemeinschaft haben, weil *„Mitgliedern, die die Gemeinschaft verlassen, [...] als Ausdruck fürsorgender Liebe bei Bedarf [lediglich] übergangsweise Unterstützung gewährt"*[174] wird.

In Bezug auf die heutige deutsche Gesellschaft, die ja im besonderen Maße verhaftet ist im modernen Geld- und Leistungsdenken, zeigen die nach den evangelischen Räten lebenden Gemeinschaften, dass eine andere Lebens- und Werteausrichtungen möglich ist. Ferner wird den evangelischen Christen in den Ortsgemeinden aufgezeigt, dass ein Leben nach neutestamentlichen Grundlagen geführt werden kann.

5.2.5. Kirchenrechtliche Belange und Jurisdiktion

Kommunitäten und Bruder- und Schwesternschaften sind nicht zwangsläufig in Strukturen der evangelischen Kirchen eingebunden, daher stellt sich die Frage, wie kirchenrechtliche Belange und Jurisdiktion gehandhabt werden können. Im Falle der Klöster Amelungsborn und Loccum, die in die Kirchenverfassung der Landeskirche Hannovers integriert wurden, stellt sich diese Frage nicht. Dagegen sind von jeglicher Aufsicht und Jurisdiktion z.B. die Gemeinschaften der Bruderhöfe in Bad Klosterlausnitz und in Sannerz ausgenommen, die sich als konfessionsübergreifend bezeichnen und keiner übergeordneten Struktur (z.B. EKD, BFP, FeG o.ä.) angehören. Andere Gemeinschaften sind als eingetragene

---

[174] „Unser Gelübde", Abs. 41.

Vereine ebenfalls nur bedingt in kirchliche Rechtssysteme eingebunden, auch wenn sie kirchliche Arbeit in den Ortsgemeinden übernommen haben.

Der Rat der EKD hat im Hinblick auf diese Situation als Ansprechpartner für die Gemeinschaften einen Beauftragten eingesetzt. Zurzeit wird dieses Amt vom Landesbischof Dr. Christoph Meyns wahrgenommen, der *„die 46 geistlichen Gemeinschaften im deutschen Protestantismus, die in zwei Verbänden organisiert sind,"* [175] begleitet. Ziel ist es auch weiterhin, mit diesem Amt eine Instanz zu etablieren, die nicht nur die regelmäßigen Kontakte untereinander pflegt, sondern zudem langfristig eine *„angemessene Form der Visitation"* [176] gründet.

Nichtorganisierte Gemeinschaften können in diese Regelung nicht miteingeschlossen werden, zumal sie sich teilweise bewusst gegen eine solche Einbindung entschieden haben oder Gemeinschaftsglieder überhaupt nicht mehr einer Konfessionsgemeinschaft angehören. Diese führt aber nicht nur zu einer rechtlichen Divergenz, sondern führt damit ggf. auch zu einem Mangel an Bereicherung und Erneuerung der Kirche. Letztlich kann dieser Mangel nur dadurch behoben werden, so Halkenhäuser, wenn die Gemeinschaften sich *„nicht elitär abkapseln oder sich ins kirchliche Abseits drängen [...], sondern ihr besonderes Charisma*

---

[175] „Beauftragte des Rates der EKD:Wertschätzung des Rates der EKD", zugegriffen 19. Juli 2018, https://www.ekd.de/Beauftragte-des-Rates-der-EKD-13964.htm.

[176] Kirchenamt der EKD, *Verbindlich leben:Kommunitäten und geistliche Gemeinschaften in der Evangelischen Kirche in Deutschland*, 88:26.

[...] zur Erneuerung der Kirche und zur Veränderung der Welt "[177]einsetzen.

Eine Einbindung kann sicherlich auch in Form einer freiwilligen Visitation, die von außen durch Landeskirchen oder aber andere Gemeinschaften geschieht, erfolgen, zumal dies auch in alten mönchischen Strukturen vorhanden war. Dies sollte sicherlich auch im Interesse der Gemeinschaften selber sein, damit sie Orientierungs- und Umkehrpunkte, aber auch äußere Impulse auf ihrem Weg erhalten. Gerade vor dem geschichtlichen Hintergrund der desolaten Lage von Klöstern im 15. Jahrhundert, in der in den Visitationsberichten häufig der Satz, *„invenimus dictum monasterium in spiritualibus ab observancia regulari in multis declinasse et in temporalibus notabiliter defecisse:Wir befinden dieses Kloster auf geistigem Gebiet in vielen Dingen abweichend vom Gehorsam gegenüber der Regel und auf weltlichem Gebiet auffallend vernachlässigt "*[178] zu finden war, muss eine rechtzeitige Einbindung in eine Visitationspraxis sinnvoll erscheinen. Die Visitation selber gehört zur reformatorischen Tradition und ist schon sowohl bei Luther als auch bei Calvin zu finden.

---

[177]   Halkenhäuser, *Kirche und Kommunität:Geschichte und Auftrag der kommunitären Bewegung in den Kirchen der Reformation*, XLII:436.
[178]   Gudrun Gleba, *Klöster und Orden im Mittelalter*, hg. von Martin Kintzinger, Uwe Puschner, und Barbara Stollberg-Rilinger (Darmstadt: Wissenschaftliche Buchgesellschaft, 2002), 130.

5.2.5.1. Wortverkündigung und Sakrament / Beauftragung und Ordination

Die Bischofskonferenz beschrieb 1976, dass die *„lutherische Kirche [...] aus der Gewißheit [sic] [lebt], daß [sic] der Heilige Geist dort wirkt, wo Gottes Wort schriftgemäß ausgerichtet und die Sakramente dargereicht werden."*[179] Diese schriftgemäße Darreichung ist direkt verknüpfbar mit dem 14. Artikel des Augsburger Bekenntnisses, der hierfür eine ordentliche Berufung vorsieht, besonders wenn es um die öffentliche Wortverkündigung oder Sakramentsdarreichung geht. Auf der einen Seite ist in der reformatorischen Tradition das Priestertum aller Getauften zu finden, aus der man die Verpflichtung ableiten kann und nach der jeder evangelische Christ sich mit Gottes Wort auseinanderzusetzen soll. Auf der anderen Seite sind die Personen, die zur öffentlichen Wortverkündigung und Darreichung von Sakramenten berechtigt sind, in den verschiedensten Pfarrdienstordnungen und Kirchenverfassungen der Landeskirchen genau festgelegt. Meist sind diese Aufgaben in Abstufungen auf Pfarrer, Pastoren, Diakone, Prädikanten und Lektoren beschränkt. Dazu kommen unterschiedliche Regelung innerhalb der Landeskirchen. Kirchen, die nicht zur EKD oder VELKD gehören, haben aber ebenfalls solche Regelungen und Ordnungen, die den Personenkreis eingrenzen.

Mit der Einbindung der Geistlichen Gemeinschaften in die Arbeit der Kirche vor Ort und ihrer ohnehin meist öffentlichen Ausrichtung, ist die Frage der ordentlichen Berufung ein Punkt, der

---

[179] *Lutherische Generalsynode 1976: Bericht über die fünfte Tagung der fünften Generalsynode der Evangelisch-Lutherischen Kirche Deutschlands vom 26. bis 29. Oktober 1976 in Bückeburg*, 307.

zu Spannungen führen kann, wenn Glieder von Gemeinschaften diese Aufgaben übernehmen. Fraglich ist, ob eine Beauftragung einer Landeskirche überhaupt greifen kann, nur weil eine Kirchenmitgliedschaft des kommunitären Gemeinschaftsgliedes besteht, dagegen die Gemeinschaft, z.B. als eingetragener Verein, der kirchlichen Gesetzgebung nicht untersteht. Hinzukommt, dass die Ausführung u.a. als ein Dienst der Gemeinschaft und nicht im Sinne einer kirchlichen Beauftragung definiert wird. Hier muss sicherlich auch zukünftig geklärt werden, *„unter welchen Voraussetzungen [z.B.] leitenden Mitgliedern der Gemeinschaften eine Ordination bzw. eine Beauftragung erteilt werden kann,"*[180] die dann nicht nur landeskirchlich übergreifend geregelt werden muss, sondern unter Umständen auch andere Kirchenverbände miteinschließt.

Dies ist wichtig für Gemeinschaften, die Standorte in mehreren Landeskirchen, mit derzeit unterschiedlicher Gesetzgebung, haben. Zudem wird die Frage der konfessionellen Zuständigkeit aufgeworfen, wenn Gemeinschaften sich aus verschiedenen Bekenntnissen zusammensetzen (z.B. Lutheraner, Anglikaner, Katholiken und evtl. Freikirchen) und darüber hinaus evtl. auch unterschiedliche theologische Sakramentsvorstellungen besitzen.

---

[180] Kirchenamt der EKD, *Verbindlich leben:Kommunitäten und geistliche Gemeinschaften in der Evangelischen Kirche in Deutschland*, 88:24.

5.2.6. Gehorsam gegenüber der Autorität

Was an der Kritik von Charlene Andersen am Gehorsam innerhalb der Marienschwestern deutlich wird (ob sie nun gerechtfertigt ist oder nicht, dass soll hier nicht beurteilt werden) ist, dass die Gefahr besteht, ein Gehorsamsgelübde könne die Fähigkeit zum freien Denken und damit den Zugang zum christlich-reformatorischen Freiheitsgedanken und eigenen Bibelverständnisses wie ihn die Reformatoren sehen, einschränken. Die Psychologin Friederike Lenzeder hat in der Betrachtung katholischer Frauenorden eine entsprechende Feststellung gemacht und dies letztlich bestätigt, ohne aber wie Andersen persönlich involviert zu sein. In einem Aufsatz, der sich mit der Frage von Chance oder Hindernis personaler Reife im kommunitären Leben befasste, zeigte sie anhand einer Studie aus dem Anfang der 1970er Jahre, dass eigene *„Individualität und Selbstständigkeit [der Ordensschwestern bereits im Noviziat] unter den Begriff des Egoismus"*[181] gebrochen wurden. Die Auswirkungen, so Lenzeder, waren aber auch abhängig vom Alter der Schwestern beim Ordenseintritt und dem vorher erlangten *„Maß an Stabilität, Identität und Autonomiefähigkeit"*[182] der jeweils betrachteten Personen.

In neueren Erkenntnissen gibt die Psychologin aber auch an, dass es in heutigen Kommunitäten zu einem Wandel gekommen ist. Die Einstellungen von Ordensoberen oder Leiterinnen und Schwestern vollziehen seit dem Ende der 1970er Jahre mehr und

---

[181] Wolfgang Beilner u. a., *Riskierte Brüderlichkeit:Orden und Kommunitäten*, hg. von Rudolf Bock und Gerd Domann, Bd. 1 (Olten und Freiburg im Breisgau: Walter-Verlag, 1979), 81.
[182] Ebd., 1:83.

mehr eine Änderung hin zu einem zunehmend als *Wir*-verstandenen und empfundenen Gemeinschaftsleben, in der die Individualität und christliche Freiheit ihren Platz findet. Diese Entwicklungen zeigen damit die Ablösung von hierarchischen und konservativen Führungsmodellen, die sicherlich nicht nur als Bestandteile des Ordenslebens gegolten haben dürften.

Dennoch besteht in einem uneingeschränkten Gehorsamsgelübde gegenüber der Autorität, mehr noch, wenn es sich dabei um eine charismatische Persönlichkeit handelt, auch heute noch die Gefahr, dass dieses ausgenutzt wird, um Menschen zu manipulieren oder klein zu halten. Dies ist nicht nur ein theologisches zu verstehendes Spannungsfeld in der reformatorischen Tradition, sondern ebenfalls ein ernstzunehmendes soziologisches Problem. Das Augsburger Bekenntnis beschreibt die theologische Gefahr im Artikel 27, wonach es sich *„um die Disziplin [handelt, die letztlich versucht, ein] imaginäre[s] Gefängnis wiederherzustellen"*[183] und würde damit im Widerspruch zu einer freien Dienstgemeinschaft stehen wie sie etwa von Wichern oder Bonhoeffer gedacht war. Auch die EKD merkte 2007 an, dass die *„Unterwerfung unter einem machtvollen geistlichen Leiter [..., sowie die...] Überbetonung der Gemeinschaft [...eine Gefahr darstellt, nicht nur für die...] Spiritualität des einzelnen Kommunitätsmitglieds [..., sondern unter Umständen auch...] zum Ersatz des eigenen Glaubens"*[184] führen

---

[183] „Confessio Augustana:Das Augsburger Bekenntnis von 1530 in heutigem Deutsch:Übertragen von Matthias Krieser" (Sola-Gratia-Verlag), Abs. 27, zugegriffen 22. April 2018, http://www.sola-gratia-verlag.de/Sola-Gratia-Verlag.008-01-21.pdf.

[184] Kirchenamt der EKD, *Verbindlich leben:Kommunitäten und geistliche Gemeinschaften in der Evangelischen Kirche in Deutschland*, 88:16.

kann. Damit einhergehend besteht die Gefahr, dass sich eine Mittlergestalt, z.B. in Person der Leitung oder der Gemeinschaft insgesamt, zwischen Gemeinschaftsglied und Gott schiebt. Eine Errungenschaft der Reformation, nämlich die der Freiheit des Glaubens und des *„individuellen Gewissens, "*[185] ginge damit verloren.

---

[185]   Ebd.

5.3. Ökumenische Einbindung und Vierte Sozialgestalt

5.3.1. Ökumene

Im Eigenverständnis der meisten Kommunitäten und Geistlichen Gemeinschaften ist der brüder- oder schwesterliche Austausch über Konfessionsgrenzen hinweg verankert. Wie eingangs erwähnt, sieht Jürgen Johannesdotter dies als elementares Erkennungsmerkmal der Geistlichen Gemeinschaften. Hilfreich bei der Begegnung z.B. mit röm.-kath. Ordensgemeinschaften, ist dabei der gemeinsame Bezug auf ein nicht bürgerlich gestaltetes, sondern verbindlich auf Christus bezogene Leben. Hierbei ist es zunächst unerheblich, ob Gemeinschaft nach den evangelischen Räten gelebt wird, Zwischenformen genutzt werden oder nur ein bindendes Lebensziel bekundet wird, weil die persönliche Verpflichtung zu einem verbindlichen Leben bereits Brücken aufbaut.

Neben dem oft praktizierten Gebet für die Einheit der Kirche (z.B. Ökumenischer Christus Dienst, Jesusbruderschaft Gnadenthal) oder gegenseitiger Aufnahme in der Fürbitte (z.B. Familiaritas, CCR), bieten aber gerade die *„gemischtkonfessionellen Mitgliedschaft[en] bereits in ihrem praktischen und spirituellen Alltag Chancen und Herausforderungen der ökumenischen Erneuerung. [... Darüber hinaus sind sie hilfreiche Ankerpunkte für gegenseitiges Verständnis geworden, die Möglichkeiten und Ergänzung durch die ...] internationale Vernetzung [... zahlreicher ...] Kommunitäten in aller Welt"*[186] bieten. Diese ökumenische

---

[186] Sabine Plönz u. a., Hrsg., *Kommunitäten:In Gemeinschaften anders leben*, Bd. /Ausg.2007, Jahrbuch Mission (Hamburg: Missionshilfe Verlag, 2007), 30.

Ausrichtung, die bereits in der Communauté de Taizé als eine zentrale konfessionsoffene Ausrichtung vorgelebt wird, zeigt sich als eine initiative Vorbildfunktion, die bis in die Landeskirchen und Ortsgemeinden hineinreicht.

Inhaltlich werden durch die kommunitäre Arbeit sicherlich nur bedingt konfessionell-theologische Fragestellungen beantwortet. Dagegen erlaubt aber der von ihnen ausgehende praxisorientierte Umgang mit der Unterschiedlichkeit *„jenseits von euphorischer Einheits-Romantik und lähmender Resignation,"*[187] eine überwiegend realistische und nüchterne Betrachtung der christlichen Spaltung und führt dadurch Menschen und Kirche möglicherweise eher zurück auf die konzentrierte Ausrichtung auf den Kern christlichen Glaubens, der zunächst erst einmal in Jesus Christus und nicht im konfessionellen Denken begründet ist.

Die Kommunität Jesu Weg verfasste 1973 eine gegenseitige Verpflichtung, in der das Verhältnis der Gemeinschaftsglieder zum Nächsten definiert wurde. Auch hier wird die Zentrierung auf Jesus deutlich: *„Jesus liebt ohne Ansehen der Person. Auch ich bin zur Liebe gegenüber jedermann gerufen."*[188] Auch wenn die Kommunität damit keinen direkten Bezug auf die Einheit der Kirche nennt, wird doch darin deutlich, worin Halkenhäuser einen großen Vorteil Geistlicher Gemeinschaften sieht. Denn in dieser Grundausrichtung auf das christliche Liebesgebot wird die *„konfessionelle Selbstgenügsamkeit und polemische Selbstrecht-*

---

[187] Halkenhäuser, *Kirche und Kommunität:Geschichte und Auftrag der kommunitären Bewegung in den Kirchen der Reformation*, XLII:373.

[188] Kommunität Jesu Weg, Hrsg., „Ein vertrauter Weg:Die Kommunität Jesu Weg" (Bamberg: Erich Weiß Verlag, 2013), 88.

Konfession"[189] hinter sich zurückgelassen. Darin besteht allerdings auch eine Gefahr, in die sich die Gemeinschaften hineinbewegen können, und zwar dann, wenn sie aus dem reinen christlichen Liebesverständnis heraus, innerhalb und außerhalb der Gemeinschaft, Werte und Errungenschaften reformatorischer Tradition zu Gunsten einer allgemeinen Einbindung in die Ökumene aufgeben oder diese zur Beliebigkeit verkommen lassen.

Gleichfalls muss festgehalten werden, dass die Einheit der Christen keine persönliche oder kommunitäre Entscheidung darstellt, sondern als eine gesamtkirchliche Aufgabenstellung zu sehen ist, die sich direkt aus dem Gebet Jesu im Johannes Evangelium [(Joh. 17,20ff)] ableiten lässt. Kommunitäten und Bruder- und Schwesternschaften tragen somit als Bindeglieder zwischen Kirchen, Gemeinden und Konfessionen ihren Teil bei zu der Aufforderung Jesu, *‚dass sie alle eins seien.'*

5.3.2. Vierte Sozialgestalt

Johannes Hanselmann ist der Auffassung, dass *„Glaube [...] nicht auf das Individuum beschränkt [... ist, sondern vielmehr ein Wechselspiel von ...] Gegenüber und Miteinander"*[190] darstellt. Wie im vorherigen Abschnitt deutlich wurde, sind Geistliche Gemeinschaften in der Regel konfessionsübergreifend tätig und somit direkt in die ökumenische Arbeit in Deutschland und der Welt

[189] Halkenhäuser, *Kirche und Kommunität:Geschichte und Auftrag der kommunitären Bewegung in den Kirchen der Reformation*, XLII:373.

[190] Mohaupt, *Modelle gelebten Glaubens*, 10.

eingebunden. Diese Arbeit ist eine große Bereicherung innerhalb der kirchlichen Aufgaben und ermöglicht ein ‚Miteinander' im kirchenübergreifenden Dialog.

Hierzu kommt aber noch eine weitere Dimension, die einen elementaren Bereich der gemeinschaftlichen Aufgaben erfasst, die in den gesellschaftlichen Veränderungen von reformatorischer hin zur heutigen Zeit liegen. Familienmodelle und äußere Umstände haben sich geändert und die Akzeptanz von Kirche und Religiosität ist heute gleichfalls nicht mit der zur Zeit Luthers identisch. In den 1930er und 1940er Jahren beschrieb Dietrich Bonhoeffer eine veränderte Sichtweise auf das Mönchstum, teilweise basierend auf seinen eigenen Erfahrungen aus Finkenwalde und teilweise auf dogmatischen Überlegungen, die nachhaltigen Einfluss auf die gemeinschaftlichen Entwicklungen nach dem 2. Weltkrieg hatte. So sah er, dass sich evangelische Kirche und Gemeinschaften in einem ‚Miteinander' befinden, was sich darin zeigt, dass es sich im klösterlichen Leben nicht um asketische Abgeschiedenheit handelt, sondern um die Vorbereitung und Stärkung im Dienst innerhalb der christlichen Gemeinschaft. Dies offenbart sich auch darin, dass er ein *„Evangelium gemäßes Leben [...] nur mitten in der Welt, nicht im Kloster als einer Welt für sich"*[191] sah.

Hiermit wird die von Hans Dombius gesehene vierte Sozialgestalt der Mönchsorden des Mittelalters um eine evangelisch-dogmatischen Form ergänzt. Dombius vertrat die Ansicht, dass Mönchsorden zusammen mit Gemeinde, universaler und partikularer

---

[191] Jaspert, *Mönchtum und Protestantismus:Probleme und Wege der Forschung seit 1877*, 2011, 5:473.

Kirche eine Symbiose zur vierfachen Sozialgestalt von Kirche insgesamt darstellen. Dabei tragen die Orden, wie nun auch Kommunitäten und Bruder- und Schwesternschaften, dazu bei, *„eine für die drei anderen Gestalten der Kirche wertvolle spirituelle Prägekraft* "[192] zu geben. Die Erkenntnis Bonhoeffers zeigt auf, dass Geistliche Gemeinschaften Aufgaben übernehmen, die das reformatorisch *„verlegte Zentrum der christlichen Frömmigkeit vom Kloster in die Familie* "[193] teilweise wieder dorthin zurückverlagert, weil eine Hauskirche im Sinne der Reformatoren nicht mehr existentieller Bestandteil heutiger familiärer Strukturen ist.

---

[192]   Kirchenamt der EKD, *Verbindlich leben:Kommunitäten und geistliche Gemeinschaften in der Evangelischen Kirche in Deutschland*, 88:8.
[193]   Ebd., 88:9.

5.4. Nachbetrachtung zu den Spannungsfeldern

Im Rahmen der Untersuchung der Spanungsfelder konnten nicht alle während der Studie erkannten Faktoren aufgeführt werden, weil dies den Umfang einer Bachelorarbeit ganz erheblich überstiegen hätte. Hierzu gehören beispielhaft das allgemeine Familienverständnis oder der Umgang mit kirchlichem Amt, Liturgie und Gebet. Ebenso fehlen in dem Diskurs Betrachtung der Gemeinschaften im Hinblick auf die Mission, Sozialarbeit und Diakonie oder etwa die Einbindung in interkulturelle und interreligiöse kirchliche Interessen in einer pluralistischen Welt, die in Verbindung mit der reformatorischen Tradition stehen. Gleichfalls war es nicht möglich, genauer auf interne Veränderung der Kommunitäten und Bruder- und Schwesternschaften einzugehen, die sich aus den Übergängen von erster zu zweiter oder sogar dritter Generation ergeben haben, teilweise mit Teilungen einhergingen und zu unterschiedlichen Ausrichtungen führten. Ferner war auch keine geografische Feinjustierung im Sinne einer Betrachtung zwischen nord-, süd-, ost- oder westdeutschen Kommunitäten und Bruder- und Schwesternschaften möglich, die auch mit unterschiedlicher Nähe zur röm.-kath. Kirche, einem anwachsenden Säkularismus oder interreligiösen Zusammentreffen einhergehen und Einfluss auf die Gemeinschaften und ihre Ausrichtung haben.

6.   Conclusio

Hans-Diether Reimer hat in der Beantwortung der Frage, was Kirchen und Sondergemeinschaften den suchenden Menschen bieten, eine These aufgestellt, die man in die abschließende Betrachtung von Spannungsfeldern in Bezug auf Geistliche Gemeinschaften mit einbeziehen kann. So sieht er, dass die *„Kirche am eigenen Ort [...] zweifelslos auch ihre Schwächen"*[194] hat, die dazu führt, dass andere Gemeinschaftsformen mehr in den Fokus von Suchenden gelangen. Hierbei zählt er u.a. klare Verhaltensmaßstäbe, die Präsentation von Leitfiguren und sinnstiftende Praktiken auf. Dass, was Reimer auf christliche Sondergemeinschaften bezieht, kann ebenso auf die heutigen Geistlichen Gemeinschaften in den evangelischen Kirchen angewandt werden.

Die sozialen Belange von Menschen und damit einhergehend deren spirituelle und geistliche Suche, vollzog im Laufe der Jahrhunderte immer wieder einen Wandel, der teilweise auch in der Zergliederung der evangelischen Kirchen zu sehen ist. Im Sinne einer Ecclesia semper reformanda, wie begrifflich von Karl Barth geprägt, muss Kirche in reformatorischer Tradition daher offen sein für Veränderung. Dies muss deshalb einerseits geschehen, um auf Belange und Bedürfnisse gläubiger Menschen einzugehen, darf sich aber andererseits innerhalb der evangelischen Kirchen nicht von einem reformatorischen Grundbekenntnis, das sich auf die Heilige

---

[194]   Hans-Diether Reimer und Oswald Eggenberger, *Neben den Kirchen:Gemeinschaften, die ihren Glauben auf besondere Weise leben wollen*, 8. Aufl., Bd. 12, Bibel-Kirche-Gemeinde (Konstanz: Christliche Verlagsanstalt, 1988), 402.

Schrift stützt, entfernen und zudem auch nicht zur Beliebigkeit entarten.

Die kirchlichen Veränderungen unserer Epoche haben in Bruder- und Schwesternschaften sowie auch in Kommunitäten außer- und innerkirchliche Gestalt angenommen und zwar dergestalt, dass sie die besonderen Bedürfnisse von Menschen wahrgenommen und befriedigt haben, was scheinbar durch Gemeinde vor Ort nicht geleistet werden konnte. Gleichzeitig ist dies ein Zeichen gegen die Beliebigkeit durch Verbindlichkeit in einer entsprechend gewählten christlichen Glaubensausübung. In verschiedenster Weise haben diese Lebensformen und -entwürfe daher auch neue kirchliche Impulse hervorgebracht, in dem sie *„der evangelischen Christenheit [Formen zurückgegeben haben, die] weitgehend verlorengegangen [... waren ...] und deren Neugewinn zugleich ein Wiedergewinn uralter gesamtkirchlicher Spiritualität"*[195] darstellt. Dies kann man zweifellos als einen Beitrag zur Förderung der Einheit der Christenheit ansehen.

Grundsätzlich kann man sagen, dass Geistliche Gemeinschaften, die sich klar zur reformatorischen Tradition bekennen, ebenso zur Erneuerung von Kirche beitragen wie Gemeinde vor Ort. Darüber hinaus bieten sie aber Menschen, die nach neuen Ausdrucksformen des christlichen Lebens innerhalb der evangelischen Kirchen suchen wie auch allgemein suchenden Menschen, Orientierung und mögliche Orte hierfür.

---

[195] Wilckens, *Die evangelischen Kommunitäten:Bericht des Beauftragten des Rates der Evangelischen Kirche in Deutschland für den Kontakt zu den evangelischen Kommunitäten*, 62:35.

Dort, wo Gemeinschaften sich allerdings bewusst abseits von kirchlichen Strukturen bewegen, sich den Grundsätzen reformatorischer Tradition entziehen, dem Dialog und kritischem Hinterfragen von Handlungen aus dem Weg gehen, muss ihnen meines Erachtens eine gesunde Skepsis auf kirchlicher Seite entgegengebracht werden.

Die von mir aufgezeigte historische Entwicklung, aus der die evangelischen Kirchen hervorgegangen sind, zeigt, dass die reformatorische Tradition kein starres Gebilde ist. Unterschiedliche Zugänge führen immer wieder zu teils unterschiedlichen Glaubensprofilen, was letztlich auch die Entstehung der unterschiedlichen Gemeinschaften dokumentiert. Zudem wird die reformatorische Tradition geformt vom Zeitgeschehen und sozialen Einflüssen wie von dem Verständnis und der persönlichen Lesart der Bibel, aus der dann eine stärkere Ausrichtung in die eine oder andere Richtung folgt. Die Täufer-Bewegung, Pietismus oder die diakonische Ausrichtung des 19. Jahrhunderts, um nur einige zu nennen, zeugen davon wie auch die evangelische Wiederentdeckung alter christlicher Lebensformen zu Beginn des 20. Jahrhunderts. Ein übergeordnetes Lehramt, das bestimmen könnte, was richtig oder falsch ist, würde dabei aber auch der Vorstellung von christlicher Freiheit und somit reformatorischer Tradition widersprechen.

7. Anhänge

7.1. Grafiken, Tabellen, Übersichten

Übersicht über die Gliedkirchen der EKD

Abb. *Gliedkirchen der EKD (Screenshot m. Graustufen)*. Zugegriffen 1. Mai 2018. https://www.ekd.de/evangelische-kirche-in-deutschland-14272.htm.

7.2. Organisierte Gemeinschaften

Die Listen sollen einen Überblick über Gemeinschaften geben, stellen aber keine abschließende Zusammenfassung dar. Einzelne Gemeinschaften sind Mitglieder mehrerer Verbände.

7.2.1. Netzwerk Treffen Geistlicher Gemeinschaften (TGG)

Basisgemeinde Wulfshagenerhütten
Zum Wohld 4, D- 24214 Tüttendorf
www.basisgemeinde.de

Baustelle Leben e.V.
Chaussee 5, D-16949 Triglitz- OT Silmersdorf
www.baustelleleben.de

Berneuchener Dienst
Kloster Kirchberg, D-72172 Sulz / Neckar
www.berneuchener-dienst.de
(Webseite derzeit nicht verfügbar)

Brot & Rosen
Fabriciusstr. 56, D-22177 Hamburg
www.brot-und-rosen.de

Bruderschaft vom Kreuz
Asternweg 28, D-90617 Puschendorf
(Keine Webseite vorhanden)

Christus-Treff / Jesus-Gemeinschaft
Steinweg 12, D- 35037 Marburg
www.christus-treff-marburg.de

Collegiat St. Peter & Paul
Augustinerstraße 10, D-99084 Erfurt
www.collegiat-erfurt.de

Communität & Geschwisterschaft Koinonia
Trift 9-11, D-29320 Hermannsburg
www.koinonia-online.de

Communität Koinonia im Kloster Germerode
> Klosterfreiheit 34a, D-37290 Meißner-Germerode
> www.kloster-germerode.de

Communität Heidelberg
> Dantestraße 37, D-69115 Heidelberg
> www.koinonia-online.de

Communität Jesus-Bruderschaft Kloster Volkenroda
> Amtshof 3, D-99998 Körner-Volkenroda
> www.kloster-volkenroda.de

Die Zugvögel - Christliche Lebensgemeinschaft
> Pastor-August-Janssen-Straat 1, D-26553 Dornum
> www.lebensgemeinschaft-zugvoegel.de

Evangelisch-Lutherische Gemeinschaft Charles de Foucauld,
> Kontakt: Fam. Hintz
> Auf dem Hollacker 4, D-27412 Wilstedt
> www.charlesdefoucauld.de

Evangelische Michaelsbruderschaft
> Mörikestraße 18, D-35039 Marburg/Lahn
> www.michaelsbruderschaft.de

Evangelisches Exerzitium
> Amtshof 3, D-99998 Volkenroda
> www.evangelisches-exerzitium.de

Familiaritas des ev.-luth. Zisterzienserklosters Amelungsborn
> Kloster Amelungsborn, D-37643 Negenborn
> www.kloster-amelungsborn.de

Familienkommunität SILOAH e. V.
> Gutsallee 4, D-99880 Neufrankenroda
> www.siloah-hof.de

Geistliche Frauengemeinschaft Kloster Wennigsen e.V.
Klosteramthof 3, D-30974 Wennigsen
www.kloster-wennigsen.de

Gemeinschaft Evang. Zisterzienser-Erben in Deutschland,
Dahlienstraße 30 a, D-91560 Heilsbronn
www.evangelische-zisterzienser-erben.de

Gemeinschaft St. Michael e. V.
Berneuchener Haus Kloster Kirchberg
D-72172 Sulz am Neckar
www.gemeinschaft-sankt-michael.de

GRUPPE 153, Ev. - luth. Missionsdienst e.V.
Prinzstr. 1, D-58840 Plettenberg
www.gruppe153.de

Hochkirchliche St.-Johannes-Bruderschaft,
Dambergskamp 62, D-59071 Hamm (Westf.)
www.johannesbruderschaft.eu

Jesus-Bruderschaft
Hof Gnadenthal 6a, 65597 Hünfelden
www.jesus-bruderschaft.de

Kloster Mariensee
Höltystr. 1, D-31535 Neustadt am Rübenberge
www.kloster-mariensee.de

Laurentiuskonvent e.V.
Oberdorf 17, D- 34474 Diemelstadt - Wethen
www.laurentiuskonvent.de

Lebensgemeinschaft für die Einheit der Christen (Schloss Craheim)
Craheim 1, D-97488 Stadtlauringen (Craheim)
www.craheim.de

Missionshaus Malche e. V.
Malche 1, D-16259 Bad Freienwalde/Oder
www.malche.net

OASE-Gemeinschaft
Drubergstraße 6, D-59846 Sundern
www.OASE-Gemeinschaft.de

Oblatengemeinschaft der CCR
Oberwaldstr.37, D-76227 Karlsruhe
(Keine Webseite vorhanden)

Offensive Junger Christen - OJC e.V.,
Helene-Göttmann-Str. 1, D-64385 Reichelsheim
www.ojc.de

Ostkirchlicher Konvent, <u>Ohne Adresse</u>,
Gottesdienste u.a. in der Christuskirche
Ortsstrasse 53, D-76891 Rumbach
ostkirchlicherkonvent.blogspot.de

Schwestern unterwegs
Sattlerweg 39, D-33659 Bielefeld
(Keine Webseite vorhanden)

Tertiärgemeinschaft der
Communität Christusbruderschaft Selbitz
Wildenberg 23, D-95152 Selbitz
www.christusbruderschaft.de

Adressen sind der Internetseite *www.evangelische-kommunitäten.de* (zugegriffen 06.05.2018) und des EKD Textes 88 *»Verbindlich leben«* aus dem Jahr 2007 entnommen.

7.2.2. Gemeinschaften innerhalb der VEDD

Gemeinschaft Moritzburger Diakone und Diakoninnen,
Schlossallee 4, D-01468 Moritzburg
www.gemeinschaft-moritzburg.de
www.diakonenhaus-moritzburg.de

Brüder- und Schwesternschaft Martinshof e.V.
Mühlgasse 10, D-02929 Rothenburg O/L.
www.buss-martinshof.de
www.martinshof-diakoniewerk.de

**Diakonische Gemeinschaft
der Brüder und Schwestern des Lindenhofes,**
Lindenstraße 3, D-06502 Thale-Neinstedt
www.neinstedt.de / www.neinstedter-anstalten.de

**Schwestern- u. Brüderschaft
des Evangelischen Johannesstifts e.V.,**
Schönwalder Allee 26 / 11a, D-13587 Berlin
www.schwestern-undbruederschaft.de
www.evangelisches-johannesstift.de

**Züllchower-Züssower Diakonen- u.
Diakoninnengemeinschaft,**
Gustav-Jahn-Str. 1, D-17495 Züssow
www.z-z-d-d.de

Schleswig-Holsteinische Diakonatsgemeinschaft e.V.,
Dorfstraße 96, D-24635 Rickling
www.shd-rickling.de

Diakonische Gemeinschaft Rickling, Pommernweg 23, D-24613 Aukrug
(Keine Webseite vorhanden)

Brüder- und Schwesternschaft des Rauhen Hauses,
Beim Rauhen Hause 21, D-22111 Hamburg
www.rauheshaus.de/stiftung/brueder-und-schwesternschaft

Diakoniekonvent - Brüder- und Schwesternschaft Lutherstift in Falkenburg e.V.,
Ahrenshagen 2 a, D-27777 Ganderkesee
www.lutherstift.de / www.diakoniekonvent.de

Diakonische Brüder- und Schwesternschaft Wittekindshof,
Langenhagen 50, D-32549 Bad Oeynhausen
www.wittekindshof.de

Diakonische Gemeinschaft Nazareth
Nazarethweg 7, D-33617 Bielefeld
www.nazareth.de / www.sarepta-nazareth.de

Diakoniegemeinschaft der Theodor Fliedner Stiftung e.V.,
Sebastian Bach Str. 39, D-56075 Koblenz
www.diakoniegemeinschaft-fliedner.de

Diakonische Gemeinschaft Hephata,
Elisabeth-Seitz-Strasse 14
D-34613 Schwalmstadt-Hephata
www.hephata.de

Evangelische Stiftung Tannenhof - Diakonische Gemeinschaft,
Remscheider Str. 76, D-42899 Remscheid
(Lüttringhausen)
www.stiftung-tannenhof.de

Neukirchener Bruderschaft des Erziehungsvereins,
Andreas-Bräm-Str. 18-20, D-47506 Neukirchen-Vluyn
www.neukirchener.de

Diakonische Gemeinschaft Paulinum,
Bösgrunder Weg 12, D-55543 Bad Kreuznach
www.kreuznacherdiakonie.de / www.diakonenschule.de

Martineum - Gemeinschaft evangelischer Diakoninnen und Diakone
Pferdebachstr. 39 a, D-58455 Witten
www.martineum.de

Karlshöher Diakonieverband
Auf der Karlshöhe 1, D-71638 Ludwigsburg
www.karlshoehe.de

Rummelsberger Brüderschaft
Rummelsberg 2, D-90592 Schwarzenbruck
www.rummelsberger.de / www.diakon.de

Diakoninnengemeinschaft Rummelsberg,
Rummelsberg 2, D-90592 Schwarzenbruck
www.rummelsberger.de / www.diakoninnen.de

Diakonische Schwestern- und Brüderschaft Neuendettelsau,
Wilhelm-Löhe-Str. 26, D-91564 Neuendettelsau
www.diakonieneuendettelsau.de

Brüder- u. Schwesternschaft Johannes Falk Eisenach,
Karlsplatz 27-31, D-99817 Eisenach
www.gemeinschaft-falk.de

Adressen sind der Internetseite *www.vedd.de* (zugegriffen 07.05.2018) und des EKD Textes 88 *»Verbindlich leben«* aus dem Jahr 2007 entnommen.

7.2.3. Konferenz ev. Kommunitäten KevK (D, A u. CH)

7.2.3.1. Schwesternschaften

Christusträger-Schwesternschaft e.v.
Hergershof 8, D-74542 Braunsbach
www.christustraeger-schwestern.de

Communität Casteller Ring e.v.
Schwanberg 4, D-97348 Rödelsee
www.schwanberg.de

Communität El Roi
Klingentalgraben 35, CH-4057 Basel
www.el-roi.ch

Communität Kloster Wülfinghausen
Klostergut 7, D-31832 Springe
www.kloster-wuelfinghausen.de

Diakonissen-Kommunität Zionsberg
Auf der Platte 53, D-34414 Warburg
www.zionsberg.de

Evangelische Lukas-Communität
Belau 5, D-29468 Bergen/ Dumme
(Keine Webseite vorhanden)

Evang. Schwesternschaft Saronsbund
Escherstraße 13 b, CH-Uznach SG
www.saronsbund.ch

Evangelische Marienschwesternschaft e.v.,
Heidelberger Landstrasse 107
D-64297 Darmstadt-Eberstadt
www.kanaan.org

Jesus-Bruderschaft
Hof Gnadenthal 6a, D-65597 Hünfelden (Schwestern)
www.jesus-bruderschaft.de

Kommunität „Freue Dich"
Millstätterstr. 10, A- 9521 Treffen
(Keine Webseite vorhanden)

Kommunität „Steh auf!" e.v.
Römerstr. 8, D-76307 Karlsbad
Integriert in das Bibelkonferenzzentrum
Langensteinbacher Höhe e.V.
www.stehauf-karlsbad.de

Kommunität Diakonossenhaus Riehen
Schützengasse 51, CH-4125 Riehen 1
www.diakonissen-riehen.ch

Kommunität Jesu Weg
Craheim 7, D-97488 Stadtlauringen-Wetzhausen
www.schwestern-craheim.de

Kommunität Lumen Christi
Haus Mamre, Zwickauer Str. 5, D-63322 Rödermark
(Keine Webseite vorhanden)

Quellgrund e.V. Kommunität Kloster Barsinghausen,
Bergamtstr. 8, D-30890 Barsinghausen
www.kloster-barsinghausen.de / www.klosterkammer.de

Schwesternschaft des Julius-Schniewind-Hauses,
Calbesche Str. 38, D-39218 Schönebeck
www.schniewind-haus.de

St. Johannis-Konvent v.g.L.
Eschenbach 207, D-91224 Pommelsbrunn
www.st-johannis-konvent.de

Steppenblüte Communität
Vogesenstr. 89, CH-4056 Basel
www.steppenbluete-communitaet.ch

Trinitatis-Ring
Elsteraue 3, D-04159 Leipzig
(Keine Webseite vorhanden)

7.2.3.2. Bruderschaften

Christusträger Bruderschaft
Am Klosterberg 2, D-97855 Triefenstein
www.christustraeger-bruderschaft.org

EBK-Blumenmönche
Schubertstraße 18, D-72581 Dettingen an der Erms
www.ebk-blumenmönche.de

Evangelisches Gethsemanekloster
Gut Riechenberg 1, D-38644 Goslar
www.gethsemanekloster.de

Kanaan-Franziskusbruderschaft
Heidelberger Landstr. 107, D-64297 Darmstadt
www.kanaan.org

7.2.3.3. Gemeinsame Bruder- und Schwesternschaften

Communität Christusbruderschaft Selbitz
Wildenberg 23, D-95152 Selbitz
www.christusbruderschaft.de

Christusbruderschaft Falkenstein,
Krankenhausstraße26, D-93167 Falkenstein
www.christusbruderschaft-falkenstein.de

Kommunität Adelshofen
Wartbergstr.13, D-75031 Eppingen
www.lza.de

Kommunität Imshausen
Hof Vockerode 1, D-36179 Bebra-Imshausen
www.kommunitaet-imshausen.de

Adressen sind dem Heft 2017/1 *»ok: Zeitschrift für Fragen des Ordenslebens«* aus dem Jahr 2017, der Internetseite *www.evangelische-kommunitäten.de* (zugegriffen 06.05.2018) und des EKD Textes 88 *»Verbindlich leben«* aus dem Jahr 2007 entnommen.

7.3. Gemeinschaften (z.Zt. nicht gebunden)

Bekenntnisbruderschaft St. Peter und Paul,
Prof. Dr. Peter Beyerhaus
Schulstraße 1, D-72810 Gomaringen
www.bekenntnisbruderschaft.de

Bruderhof - Holzlandgemeinschaft
Talweg 18 / Grafe Haus, D-07639 Bad Klosterlausnitz
www.bruderhof.com

Bruderhof - Sannerz Gemeinschaft
Lindenstraße 13, D-36391 Sinntal-Sannerz
www.bruderhof.com

BRUNNEN Christliche Lebensgemeinschaft e.V.,
Dorfstraße 129
D-08428 Langenbernsdorf (OT Niederalbertsdorf)
www.brunnen-gemeinschaft.de

Konvent a. d. Klosterkirche Bad Doberan
Kirchplatz 3, D-19395 Plau am See
(Keine Webseite vorhanden)

Offensive Junger Christen - OJC e.V.,
Helene-Göttmann-Str. 1, D-64385 Reichelsheim
www.ojc.de

OJC e.V. - Haus der Hoffnung
Burgstrasse 30, D-17489 Greifswald / www.ojc.de

Weggemeinschaft Emmaus / Emmauskreis
St. Moritzstr.12, D-91359 Leutenbach
www.emmauskreis.de

Ökumenischer Christusdienst
Neuer Weg 5, D-86316 Friedberg
www.oekumenischer-christusdienst.de

Adressen per Internetrecherche und gemäß EKD Textes 88
»Verbindlich leben« aus dem Jahr 2007.

7.4. Begriffserklärung

De votis monasticis

iudicium - *lat. Studie/Verhandlung über das Mönchs-gelübde, Schrift Martin Luthers.*

Devotia moderna - *Frömmigkeitsbewegung, deren Anfänge im 14. Jahrhundert zu finden sind. Sie verbindet u.a. eine persönliche Gottesbeziehung und ein Studium der Heiligen Schrift.*

Dunkelmänner-
briefe - *Von Humanisten geschriebene „Fingierte Briefe" mit satirischem Inhalt, die in Verbindung mit dem wegen Ketzerei angeklagten J. Reuchlin stehen.*

Evangelische
Räte - *Bezeichnet christliche Tugenden oder Ratschläge, nach denen man sein Leben in Ehelosigkeit, Armut und Gehorsam (z.B. ggü. Abt) verbringt. Es wird teilweise auch der Begriff der franziskanischen Tugenden verwandt.*

Familiaritas - *Geistliche Gemeinschaft des ev.-luth. Klosters Amelungsborn in der Grundstruktur eines „Klosters auf Zeit"; gegr. 1961 auf Initiative von Abt Christhard Mahrenholz.*

Fraterhaus - *Gemeinschaft, die ohne „Mönchsgelübde" in klosterähnlicher Gemeinschaft lebt. Erste Fraterhäuser entstanden im 14. Jahrhundert.*

Häresie - *Lehre, Lehrmeinung oder im weitesten Sinne eine Aussage die nicht der offiziellen Lehr- und Glaubensauffassung bzw. Kirchenlehre entspricht.*

Institutio
Christianae
Religiones - Calvins Hauptwerk, bezeichnet (übersetzt) den "Unterricht in der christlichen Religion"

Konvent - *Versammlung oder Gruppe von Personen innerhalb eines Klosters oder einer Gemeinschaft. I.d.R. sind die Mitglieder eines Konvents zur Abstimmung über Aufgaben, Regeln und Kloster/Gemeinschaftsanliegen berechtigt.*

Prädestination - *Lehre von der alleinigen Erwählung oder Verwerfung durch Gott.*

Protestantismus -	*Glaubensrichtungen, die sich von der römischen (katholischen) Kirche i.d.R. während oder nach der Reformation getrennt haben. Andere Bezeichnung hierfür u.a. „Evangelische".*
Tertiär-	
gemeinschaft -	*Gemeinschaft, die in der Regel einer anderen Gemeinschaft zugeordnet ist und nicht die evangelischen Räte übernommen hat. Der Begriff leitet sich von dem lateinischen Wort für der dritte=tertius ab. Neben den eigentlichen Gemeinschaftsgliedern, z.B. der Kommunität, sind die Tertiären der ‚Drittorden‘ dazu.*
Unitas Fratrum -	*Bruder-Unität oder auch Böhmische Brüder ist einer der ältesten protestantischen Kirchen.*
Vita communis -	*Gemeinschaftliches Leben, meist verwendet für das Leben in Ordens- oder ordensähnlichen Gemeinschaften*
Vorreformation -	*Bestrebungen und Handlungen im Zeitraum vor dem 16. Jahrhundert / bzw. vor dem Thesenanschlag 1517 die das Ziel hatten Kirche zu erneuern (reformieren).*
Wandlungslehre -	*Lehre von der Wesensverwandlung von Brot und Wein als Sakrament, etwa in Leib und Blut Christi während der Eucharistiefeier.*

7.5. Personenverzeichnis und Kurzvita

Bolsec,

Hieronymus   -   Zunächst Anhänger und später Gegner Calvins; (gest. ca.1584); wandte sich wieder dem röm. Glauben zu und prägte über Traktate das französisch-kath. Bild von Calvin.

Bonhoeffer,

Dietrich   -   *Theologe und Widerstandskämpfer der NS-Zeit; (1906-1945); Mitwirkender an der Barmer Theologischen Erklärung.*

Calvin,

Johann(es)   -   *Reformator mit französischer Abstammung; (1509-1564); Geburtsname Jean Cauvin (lat.: Johannes Calvinus); gilt wie Zwingli als Begründer der reformierten Kirchen.*

Cranmer,

Thomas   -   *Erzbischof v. Canterbury; (1489-1556); Reformator i. d. Anglikanischen Kirche.*

Cromwell,

Thomas   -   *Earl of Essex; (ca.1485-1540); Englischer Staatsmann unter Heinrich VIII. der u.a. Verwaltungsreformen durchführte.*

Groote,

Geert   -   *Priester; (ca.1340-1384); auf ihn geht die Entstehung der „Brüder vom gemeinsamen Leben" zurück.*

Hanselmann,

Johannes   -   *Theologe; (1927-1999); ehem. Landesbischof der ev.-luth. Kirche in Bayern und Präsident des Lutherischen Weltbundes.*

Heiler, Friedrich -   *Religionswissenschaftler; (1892-1967).*

Heinrich VIII.   -   *Englischer König; (1491-1547); Regierungs-zeit ab 1509; Begründer der anglikanischen Kirche.*

Hus,

Johannes (Jan)   -   *Reformator aus Südböhmen; Wirkungsort Böhmen und Prag; (ca. 1370-1415); Begründer der Hussiten Bewegung.*

Lohse,

Bernhard   -   *Theologe; (1928-1997); Professor für Dogmen- und Kirchengeschichte.*

Lohse, Eduard -	Theologe; (1925-2015): Professor für NT und Landesbischof der Landeskirche Hannovers.
Löhe, Wilhelm -	ev.-luth. Pfarrer; (1808-1872); Gründer der Neuendettelsauer Diakonissenanstalt und Missionsanstalt.
Luther, Martin -	Theologe und Reformator; Wirkungsort Wittenberg; (1483-1546); Begründer der lutherischen Kirchen.
Melanchthon, Philipp -	Theologe und Humanist; (1497-1560); Geburtsname Schwar(t)zerd; Wittenberger Mitstreiter v. Martin Luther; Verfasser der Confessio Augustana.
Parpert, Friedrich -	Theologe und Autor; (1886-1975); Pastor, später Superintendent, in der Hannoverschen Landeskirche; Zahlreiche Publikationen über das Mönchtum; Ausgezeichnet mit dem Bundesverdienst-kreuz.
Reuchlin, Johannes -	Hebraist, Theologe und Humanist; (1455-1522); als angeklagter Ketzer Auslöser für die Dunkelmännerbriefe.
Teersteegen, Gerhard -	Prediger, Schriftsteller, Dichter und Liedautor; (1687-1769); begründet das Pietistische Armutsideal in seiner „Pilgerhütte"
Valdes, (Beiname Petrus)-	Lyoner Kaufmann; (ca.1140-1205); Wirkungsort Südfrankreich; Begründer einer Laienbewegung mit Wanderpredigern aus der sich die heutige evangelische Waldenserkirche ableitet, weitere verwendete Namen Waldus, Valdus, Valdès oder Valdo (von Lyon).
von Prag, Lukas -	Bischof und Vorsitzender des Ältestenrates der Unitas Fratrum; (ca. 1460-1528).
von Rotterdam, Erasmus D. -	Universalgelehrter; u.a. Philologe, Theologe und Humanist; (ca. 1466-1526); Begründer des theologischen Rationalismus.
von Zinsendorf, Nicolaus Ludwig -	Reichsgraf; (1700-1760); prägender Charakter und Mitbegründer der Herrnhuter Brüdergemeine.

Wichern,
Johann Hinrich - *Theologe und Sozialpädagoge; (1808-1881); Gründer der Inneren Mission und des Rauhen Hauses in Hamburg.*

Wyclif, John - *Englischer Theologe – auch als „Morgenstern der Reformation" bezeichnet; (ca.1330-1384), Begründer der Wyclifiten/ Lollarden*

Zwingli,
Huldreich - *Humanist, Theologe und Reformator; Wirkungsort Zürich; (1484-1531); gilt wie Calvin als Begründer der reformierten Kirchen; weitere verwendete Vornamen in der Literatur lauten Ulrich, Huldreych oder Huldrych.*

Die Informationen zu den Personen sind aus verschiedenen Quellen (u.a. Lexika, Internetseiten von Kirchen und Gemeinschaften, www.britannica.com, www.whoswho.de, www.munzinger.de, u.a.) zusammengetragen und sollen nur einen rudimentären Überblick über die Personen in dieser Abhandlung verschaffen.

7.6. Liste wichtiger Bekenntnisschriften

Lutherische Kirchen

1528/29   *Martin Luthers Kleiner und Großer Katechismus*

1530   *Augsburger Bekenntnis (CA= Confessio Augustana) und deren Verteidigung von Philipp Melanchton.*

1537   *Martin Luthers Schmalkaldische Artikel*

1537   *Von der Gewalt und Obrigkeit des Papstes (lat.: De Potestate et Primatu Papae) von Philipp Melanchton*

1577   *Lutherische Konkordienformel (lat.: formula concordiae) oder auch Eintrachtsformel genannt.*

1580   *Konkordienbuch oder auch Einigungsbuch mit den drei Glaubensbekenntnissen: Apostolikum, Nicäno-Konstantinopoli-tanum und Athanasianum.*

Reformierte Kirchen

1536+66   *Helvetische Bekenntnisse (Confessio Helvetica)*

1537+45   *Genfer Katechismus*

1563   *Heidelberger Katechismus (verfasst u.a. von Zacharias Ursinus, Johannes Calvin, Caspar Olevian)*

Unierte Kirchen / Sonstige Bekenntnisschriften

1527	*Schleitheimer Bekenntnis bzw. Artikel*
1605	*Rakauer Katechismus*
1632	*Dordrechter Bekenntnis*
1644	*Erstes Londoner Bekenntnis*
1934	*Theologische Erklärung der Bekenntnissynode von Barmen (29.-31.05.1934)*
1973	*Leuenberger Konkordie*
1999	*Gemeinsame Erklärung zur Rechtfertigungslehre (Unterzeichnung durch die Methodisten 2006/ durch die reformierten Kirchen 2017)*

Anglikanische Kirchen

1549	*"Book of common prayer" als eine Mischung zwischen Gebets-, Lehr- und Katechismus-Buch.*
1563	*39 Artikel (Abänderung der 42 Artikel aus dem Jahr 1552)*

7.6.1. Augsburger Bekenntnis (Auszüge)

Die Auszüge sind der Buchausgabe »Confessio Augustana: Das Augsburger Bekenntnis von 1530 in heutigem Deutsch« entnommen. [196]

Artikel 14 Das kirchliche Amt

1   Über das kirchliche Amt lehren wir, dass niemand in der Kirche öffentlich verkündigen oder Sakramente verwalten darf, ohne ordnungsgemäß berufen zu sein.

Artikel 15 Kirchliche Bräuche

1   Über kirchliche Bräuche lehren wir: Bräuche, die ohne Sünde befolgt werden können und die dem Frieden sowie der guten Ordnung in der Kirche dienen, soll man befolgen, wie zum Beispiel bestimmte Feiertage.

2   Jedoch unterweisen wir die Menschen in dieser Sache so, dass ihre Gewissen nicht beschwert werden und dass sie keinen kirchlichen Brauch für heilsnotwendig halten sollen.

3   Ebenfalls lehren wir sie: Falls menschliche Traditionen gedacht sind für die Versöhnung mit Gott, für den Erwerb von Gnade und für die Sühnung von Sünden, stehen sie dem Evangelium und der Glaubenslehre entgegen.

4   Gelübde, Speiseordnungen und Festtraditionen, die zum Erwerb von Gnade und zur Sühnung von Sünden eingesetzt wurden, sind daher unnütz und evangeliumsfeindlich.

---

[196] „Confessio Augustana:Das Augsburger Bekenntnis von 1530 in heutigem Deutsch:Übertragen von Matthias Krieser".

11 Man sagte nämlich, dass die Gelübde denselben Rang haben wie die Taufe: Man lehrte, dass Menschen mit dieser Lebensweise Vergebung der Sünden und Rechtfertigung vor Gott verdienen.

12 Man fügte sogar hinzu, das klösterliche Leben erwirke Verdienste, die über die Gerechtigkeit vor Gott hinausgingen, weil da nicht nur die Gebote befolgt würden, sondern auch die Evangelischen Räte: Ehelosigkeit, Armut und Gehorsam gegenüber den geistlichen Vorgesetzten.

36 Gottes Gebot über die Ehe entbindet also offensichtlich die meisten Mönche und Nonnen von ihren Gelübden. Darüber hinaus führen wir aber noch einen weiteren Grund dafür an, dass Klostergelübde ungültig sind: Jeder Akt der Gottesverehrung, den man ohne Gottes Gebot eingeführt hat und mit dem man Rechtfertigung und Gnade erlangen will, ist gottlos. [...]

61 So sind die Klostergelübde mit vielen gottlosen Ansichten behaftet: dass sie rechtfertigen; dass sie christliche Vollkommenheit bedeuten; dass die Mönche besondere „Räte" und Gebote halten sollen; dass sie einen Überschuss an guten Werken bewirken.

62 Weil das alles falsch und nutzlos ist, gelten Klostergelübde nicht

7.7.   Bibeltexte / Verweise aus Bibelstellen

1. Kor. 12,4-7	Es sind verschiedene Gaben; aber es ist ein Geist. Und es sind verschiedene Ämter; aber es ist ein Herr. Und es sind verschiedene Kräfte; aber es ist ein Gott, der da wirkt alles in allen. Durch einen jeden offenbart sich der Geist zum Nutzen aller.
Apg. 2,42-46	Sie blieben aber beständig in der Lehre der Apostel und in der Gemeinschaft und im Brotbrechen und im Gebet. [...] Alle aber, die gläubig geworden waren, waren beieinander und hatten alle Dinge gemeinsam. Sie verkauften Güter und Habe und teilten sie aus unter alle, je nachdem es einer nötig hatte. Und sie waren täglich einmütig beieinander im Tempel und brachen das Brot hier und dort in den Häusern, hielten die Mahlzeiten mit Freude und lauterem Herzen.
Apg. 4,32	Die Menge der Gläubigen aber war ein Herz und eine Seele; auch nicht einer sagte von seinen Gütern, dass sie sein wären, sondern es war ihnen alles gemeinsam.
Johannes 17,20-23	Ich bitte aber nicht allein für sie, sondern auch für die, die durch ihr Wort an mich glauben werden, dass sie alle eins seien. Wie du, Vater, in mir bist und ich in dir, so sollen auch sie in uns sein, auf dass die Welt glaube, dass du mich gesandt hast. Und ich habe ihnen die Herrlichkeit gegeben, die du mir gegeben hast, auf dass sie eins seien, wie wir eins sind, ich in ihnen und du in mir, auf dass sie vollkommen eins seien und die Welt erkenne, dass du mich gesandt hast und sie liebst, wie du mich liebst.
Johannes 21,9-11	Als sie nun an Land stiegen, sahen sie ein Kohlenfeuer am Boden und Fisch darauf und Brot. Spricht Jesus zu ihnen: Bringt von den Fischen, die ihr jetzt gefangen habt! Simon Petrus stieg herauf und zog das Netz an Land, voll großer Fische, hundertdreiundfünfzig.

Und obwohl es so viele waren, zerriss doch das Netz nicht.

Römer 4,25 ...welcher ist um unsrer Sünden willen dahingegeben und um unsrer Rechtfertigung willen auferweckt.

Maleachi 3,10 Bringt aber die Zehnten in voller Höhe in mein Vorratshaus, auf dass in meinem Hause Speise sei, und prüft mich hiermit, spricht der Herr Zebaoth, ob ich euch dann nicht des Himmels Fenster auftun werde und Segen herabschütten die Fülle.

Markus 10,21 Und Jesus sah ihn an und gewann ihn lieb und sprach zu ihm: Eines fehlt dir. Geh hin, verkaufe alles, was du hast, und gib's den Armen, so wirst du einen Schatz im Himmel haben, und komm, folge mir nach!

Matthäus 6,21 *Denn wo dein Schatz ist, da ist auch dein Herz.*

Matthäus 11,28 Kommt her zu mir, alle, die ihr mühselig und beladen seid; ich will euch erquicken.

7.8. Ordensregeln

Benediktusregel (Regula Benedicti)[197]

RB 29	1. Es kann sein, dass ein Bruder eigenmächtig das Kloster verlässt und später wieder zurückkehren will. In diesem Fall verspreche er zuerst gründliche Besserung von dem Fehlverhalten, das zum Austritt geführt hat.
	2. Danach werde er aufgenommen, aber als letzter eingereiht; dadurch wird seine Demut geprüft.
	3. Wenn er wieder austritt, werde er noch zweimal in dieser Weise aufgenommen. Er muss aber wissen, dass es danach für ihn keine Rückkehr mehr gibt.
RB 58,28-29	27. Jene Kleider aber, die man ihm ausgezogen hat, sollen in die Kleiderkammer gebracht und dort aufbewahrt werden.
	28. Sollte er nämlich einmal der Einflüsterung des Teufels nachgeben und das Kloster verlassen, was ferne sei, dann ziehe man ihm die Sachen des Klosters aus und entlasse ihn.
	29. Seine Urkunde aber, die der Abt vom Altar genommen hat, soll er nicht zurückbekommen, sondern sie werde im Kloster zurückbehalten.

---

[197] *Regula Benedicti:Die Benediktusregel:Lateinisch/Deutsch*, 4. Aufl. (Beuron: Beuroner Kunstverlag, 2005).

8.   Allgemeine Hinweise

8.1.   Methodik und Rahmenbedingungen

Die Gruppe der Geistlichen Gemeinschaften und Kommunitäten musste zur Betrachtung eingegrenzt werden. So beschäftigt sich diese Arbeit mit einer Auswahl von Gemeinschaften in Deutschland. Als Erklärung hierfür sei genannt, dass die EKD für Deutschland u.a. mehr als 100 evangelische Gemeinschaften in ihrem Bericht »*Verbindlich leben*«[198] aufführt, zudem meist nur Gemeinschaften, die in der *KGG*, *KevK* oder den Diakonissenverbänden organisiert sind. Die Betrachtung aller heute existierenden Gemeinschaften übersteigt somit die Möglichkeiten einer Bachelorarbeit, animiert aber vielleicht andere, die Untersuchung in nachfolgenden Arbeiten intensiver fortzusetzen. Eine Anschriftenliste der in der *Konferenz der Geistlichen Gemeinschaften (KGG)* und der *Konferenz evangelischen Kommunitäten (KevK)* gelisteten Gemeinschaften ist in diesem Anhang zu finden.

Die in dieser Arbeit gewählten Geistlichen Gemeinschaften, Bruder- und Schwesternschaften wie auch Kommunitäten spiegeln einen Teil der Vielfalt verschiedener Lebensentwürfe wider. Gleichzeitig werden Gemeinschaften angesprochen, die schon in den 1960er und 1970er Jahren in den Betrachtungen der evangelischen Kirchen vorgekommen sind und mit diesen im Dialog standen.

---

[198]   Kirchenamt der EKD, *Verbindlich leben:Kommunitäten und geistliche Gemeinschaften in der Evangelischen Kirche in Deutschland.*

Weitere und darüberhinausgehende Formen gemeinschaftlichen Lebens innerhalb der evangelischen Kirchen sind aber durchaus möglich, sodass diese Arbeit nicht den Anspruch darauf erhebt, alle Gemeinschaftsformen zu beschreiben.

Eine über Deutschland hinausgehende Erkenntnis wird diese Arbeit nicht zulassen.

Sofern es sinnvoll und zielführend erschien, erfolgte die Ausdehnung der Untersuchung ebenfalls auf katholische Gemeinschaften. Dies war dort notwendig, wo Gemeinschaften eine ökumenische Ausrichtung oder ein entsprechendes Gemeinschaftsleben haben.

Die Betrachtung der Gemeinschaften in Hinblick auf Spannungsfelder erfolgte durch Beschäftigung mit entsprechender Literatur und Selbstdarstellungen, mit Gemeinschaftsregeln oder Lebensmodellen. Fragebögen oder Interviews waren nicht Bestandteil dieser Untersuchung.

8.2.   Bibeltexte

Wurden im Verlauf der Ausführungen Bibelstellen zitiert, sind diese - sofern nicht anderweitig angegeben - der Olivetree Bible Study App (Mac-Version 6.0.15 (2112)) der *"Lutherbibel (2017)"*[199] in der Übersetzung von 2017 in neuer deutscher Rechtschreibung entnommen. Wird von Gott ohne weitere Ergänzung gesprochen, ist immer der Gott Israels bzw. JHWH (Jahwe) gemeint, ohne auf evtl. anderslautende Namensgebungen, die im Alten Testament aufgeführt sind, Bezug zu nehmen.

8.3.   Positionsangabe in E-Books (EPUB, MOBI, AZW3)

Die in den Fußnoten angegeben Stellenangaben für Zitate aus elektronischen Büchern (EPUB, MOBI, AZW3) beziehen sich, sofern nicht anderweitig angegeben, auf Positionsangaben des freien Calibri E-Book Betrachters (Apple Mac Programm) Version 3.23. *(Erhältlich via www.calibre-ebook.com)*

Die Angaben sind gemäß der Vorgabe *„14.160: Page or location numbers in electronic formats"* der Online Version des Chicago Manual of Style in der Version 17 *(http://chicagomanualofstyle.org/book/ed17/part3/ch14/psec160.html, zugegriffen am 11.Mai 2018)* gebildet.

8.4.   Verzicht auf neutrale Genderbezeichnungen

Wenn in dieser Ausfertigung in einigen Bereichen nur die Verwendung von männlichen Bezeichnungen zum Tragen kommt, so

---

[199]   German Bible Society, „Lutherbibel (2017):Olive Tree BibleStudy App" (Stuttgart: Deutsche Bibelgesellschaft, 2016).

dient dies lediglich der besseren Lesbarkeit und soll in keiner Weise eine Wertung darstellen. Wird etwa anstatt *Bischof/Bischöfin* oder *Bischof/in* nur die Bezeichnung *Bischof* verwendet, so gilt die Bezeichnung – sofern anwendbar – für das männliche wie auch weibliche Geschlecht. In den Fällen, in denen nur eine eindeutige Genderbezeichnung vorhanden ist, wird diese benutzt, etwa *Schwester* oder *Bruder* einer Kommunität.

8.5. Definition Geistliche Gemeinschaft, Kommunität, Bruder- und Schwesternschaft

Eine allgemeingültige Definition bzw. scharfe Abgrenzung und Unterscheidung zwischen Geistlicher Gemeinschaft, Kommunität bzw. Bruder- und Schwesternschaft ist kaum möglich, zumal es mittlerweile auch viele Zwischenformen gibt, die eine genaue Zuordnung erschweren. Im Sprachgebrauch haben sich allerdings Grundtypen eingebürgert, die auf Einteilungen und Gliederungen u.a. von Johannes Halkenhäuser und Gerd Heinz-Mohr zurückzuführen sind. Danach werden kirchliche Bruderschaften in der Regel als Gemeinschaften bezeichnet, deren Glieder (Männer wie auch Frauen) nach wie vor ihren Lebensmittelpunkt in Familie und bürgerlichem Leben haben, allerdings sich darüber hinaus zu einem verbindlichen christlichen Leben in einer Gemeinschaft zusammengeschlossen haben. Halkenhäuser drückt damit aus, dass diese Männer und Frauen eine verpflichtende Form gelebten Glaubens zusätzlich zu ihrem bürgerlichen Leben vollziehen. Der Begriff Bruderschaften wird, so dass Herder Gottesdienst Lexikon[200], aber bereits in verschiedenen anderen Formen seit dem ausgehenden Mittelalter verwendet.

Im Gegensatz zu Bruderschaften führen die Glieder einer Kommunität ein Leben in *vita communis*; das heißt, in einer Gemeinschaft, in der sie sich, so Mohr, zu einer festen und geregelten Lebensform, mit zu leistenden Verpflichtungen einlassen. Gemäß Halkenhäuser wird dieses gemeinsame Leben zusätzlich durch

---

[200] Benjamin Leven, „Bruderschaften", zugegriffen 8. Juli 2018, https://www.herder.de/gd/lexikon/bruderschaft/.

Annahme der evangelischen Räte (Armut, Ehelosigkeit und Gehorsam) bestimmt und beschreibt somit Gemeinschaften, die aus ehelosen Männern und Frauen bestehen. Für das Gemeinschaftsleben von Kommunitäten gilt danach immer das Prinzip der *vita communis*. Als Sonderform kommunitären Lebens können die Herrnhuter Brudergemeine und die Bruderhöfe gesehen werden. Im Evangelischen Gemeindelexikon[201] von 1978 werden Bruder- und Schwesternschaften den Kommunitäten als besondere Form zugeordnet, die EKD[202] bezeichnete sie als Kommunitäten im weiteren Sinne.

Eine Einteilung in den einen oder anderen Modelltyp wird bei einigen Gemeinschaften schwierig. Gerade in bestehenden Mischformen, die etwa gemeinsames Leben ohne Annahme der evangelischen Räte führen oder in Familienverbänden zusammengeschlossen sind, wie z.B. Bruderhöfe, gibt es keine klare Abgrenzung. Dies gilt ebenfalls für Gemeinschaften, in deren Struktur nur einiger der Glieder eine lebenslange Verpflichtung eingehen und andere nur zeitweise partizipieren wie auch Gruppen, die in gemischter Form aus zölibatären und offen zusammenlebenden Partnerschaften bestehen. Hier kann eher der Begriff der Geistlichen Gemeinschaft weiterhelfen. Dieser mag als Sammelbegriff sowohl für die Kommunitäten, als auch auf Bruder- und Schwesternschaften angewandt werden. Man kann im weitesten Sinn darunter

---

[201] Erich Geldbach, Helmut Burkhardt, und Kurt Heimbucher, Hrsg., *Evangelisches Gemeindelexikon* (Wuppertal: R.Brockhaus Verlag, 1978), 96.

[202] Kirchenamt der EKD, *Verbindlich leben:Kommunitäten und geistliche Gemeinschaften in der Evangelischen Kirche in Deutschland*, 88:7.

Zusammenschlüsse von Christen verstehen, die sich zu einer von ihnen definierten Art von struktureller Gemeinschaft zusammenfinden, seien es nun Gemeinschaften mit und ohne vita communis, Gelübden und Annahme der evangelischen Räte. Im Gegensatz zu den evangelischen Kirchen werden im röm.-kath. Bereich Geistliche Gemeinschaften seit dem Vaticanum II als kirchliche Erneuerungsbewegungen oder *Movimenti* bezeichnet und bilden i.d.R. Gruppen, die sich überwiegend aus Laien zusammensetzen und keinen Orden darstellen.

In der Unterteilung der organisierten Netzwerke innerhalb der evangelischen Kirchen, z.B. Treffen der Geistlichen Gemeinschaften (TGG) und die Konferenz evangelischer Kommunitäten (KevK), wird die Halkenhäuser Typeneinteilung sichtbar.

9. Literaturverzeichnis

„10 A Kirchenverfassung (KVerf) - Kirchenrecht Online-Nachschlagewerk". Zugegriffen 12. Juli 2018. https://www.kirchenrecht-evlka.de/document/20813#.

Arnold, Emmy. *Gegen den Strom:Ein Leben in der Herausforderung der Bergpredigt.* 3. Aufl. Rifton: Plough Publishing House, 2014.

Bähnk, Wiebke, Norbert Dennerlein, Heiko Franke, Peter Hirschberg, Jutta Krämer, Michael Kuch, Ralf Tyra, und Ingrid Wiedenroth-Gabler. *Evangelischer Erwachsenen Katechismus.* Herausgegeben von Andreas Bummer, Manfred Kießig, und Martin Rothgangel. 9. Aufl. Gütersloh: Gütersloher Verlagshaus, 2013.

Bauer, Karl-Adolf. „Protestantisches Mönchtum? Orden und Kommunitäten in den Kirchen der Reformation". *(Vortrag von Rektor em. Dr. Karl-Adolf Bauer/Trier am 12. März 2014 im Rahmen des Mittwochsforums).* Mittwochsforum Trier, 2014.

„Beauftragte des Rates der EKD:Wertschätzung des Rates der EKD". Zugegriffen 19. Juli 2018. https://www.ekd.de/Beauftragte-des-Rates-der-EKD-13964.htm.

Becker, Ulrich, Eugene Brand, Faith E. Burgess, Carsten Colpe, Hans-Werner Gensichen, Heimo Hofmeister, und Hubertus G. Hubbeling. *Evangelisches Kirchenlexikon:Internationale theologische Enzyklopädie.* Herausgegeben von Erwin Fahlbusch, Jan Milič Lochman, Eugene L Brand, John Mbiti, Jaroslav Pelikan, und Lukas Vischer. 3. Aufl. Bd. 1 A-F. Göttingen: Vandenhoeck & Ruprecht, 1986.

Becker, Ulrich, Eugene L. Brand, Carsten Colpe, Hans-Werner Gensichen, Martin Greschat, und Heimo Hofmeister. *Evangelisches Kirchenlexikon:Internationale theologische Enzyklopädie.* Herausgegeben von Erwin Fahlbusch, Jan Milič Lochman, Eugene L. Brand, John Mbiti, Jaroslav Pelikan, und Lukas Vischer. 3. Aufl. Bd. 4 S-Z. Göttingen: Vandenhoeck & Ruprecht, 1996.

Beilner, Wolfgang, Friederike Lenzeder, Johannes Halkenhäuser, Gerd Domann, und Rudolf Bock. *Riskierte Brüderlichkeit:Orden und Kommunitäten.* Herausgegeben von Rudolf Bock und Gerd Domann. Bd. 1. Olten und Freiburg im Breisgau: Walter-Verlag, 1979.

Bregenzer, Madlen. „Christentumsgesellschaft". Zugegriffen 21. Juni 2018. https://www.stadtlexikon-augsburg.de/index.php?id=114&tx_ttnews[tt_news]=3487&tx_ttnews[backPid]=124&cHash=c3941a93c7.

„Brüder- und Schwesternschaft. Ein Leben für die Diakonie."
Zugegriffen 25. Juni 2018. https://www.rauheshaus.de/das-
rauhe-haus/brueder-und-schwesternschaft.html.

„Bruderschaft vom gemeinsamen Leben:zuletzt am 27. Februar
2016 um 12:46 Uhr geändert." Zugegriffen 20. Juni 2018.
http://www.apostolische-
geschichte.de/wiki/index.php?title=Bruderschaft_vom_geme
insamen_Leben.

„Christusbruderschaft heute". Zugegriffen 13. Juli 2018.
https://christusbruderschaft.de/de/communitaet/christusbrude
rschaft-heute.php.

Claß, Helmut. „Erfahrungs- und Tätigkeitsbericht des Beauftragten
des Rates für die evangelischen Kommunitäten von Bischof
I. R. D. Claß, Stuttgart". *Bericht der EKD Synode und
Beschlussvorlage Nr. 9 der EKD Synode, 09.11.1990 in
Lübeck-Travemünde*. Stuttgart: Evangelische Kirche
Deutschland, 1990.

Claussen, Johann Hinrich. *Die 95 wichtigsten Fragen:Reformation*.
München: C.H.Beck, 2016.

„Confessio Augustana:Das Augsburger Bekenntnis von 1530 in
heutigem Deutsch:Übertragen von Matthias Krieser". Sola-
Gratia-Verlag. Zugegriffen 22. April 2018. http://www.sola-
gratia-verlag.de/Sola-Gratia-Verlag.008-01-21.pdf.

Dennerlein, Norbert, Michael Meyer-Blanck, Matthias Augustin,
Jürgen Kegler, Werner H. Schmidt, und Michael Wolter.
*Evangelische Glaubensfiebel:Grundwissen der
evangelischen Christen*. Herausgegeben von Norbert
Dennerlein und Michael Meyer-Blanck. Gütersloh:
Gütersloher Verlagshaus, 2006.

Deutsche Ordensobernkonferenz, Hrsg. „Protestantisches
Ordensleben im deutschsprachigen Raum". *58. Jahrgang
2017, Heft 1*. ok ordens korrespondenz:Zeitschrift für Fragen
des Ordenslebens. Bonn: Deutsche Ordensobernkonferenz
e.V., 2017.

„Die Kaiserswerther Diakonie". Zugegriffen 21. Juni 2018.
https://www.kaiserswerther-diakonie.de/de/ueber-die-
kaiserswerther-diakonie/ueber-die-kaiserswerther-
diakonie.html.

„Die Ordnung:Wahlordnung, Geschäftsordnung 2017".
170927_BS_Ordnung_2017.pdf. Hamburg: Das Rauhe Haus,
2017.

„Die Waldenser:Geschichte und Gegenwart". Zugegriffen 20. Mai
2018. http://waldenser.de/detail.php?ref=r3&id=11.

Dieterich, Veit-Jakobus. *Die Reformatoren*. Reinbek bei Hamburg:
Rowohlt Taschenbuch Verlag, 2002.

Ernesti, Jörg. *Konfessionskunde Kompakt:Die christlichen Kirchen
in Geschichte und Gegenwart*. Grundlagen Theologie.

Freiburg im Breisgau: Herder, 2009.

Ev.-luth.Zisterzienserkloster Amelungsborn, Hrsg. „Manuale Amelungsbornense:Regeln für die klösterliche Familie". Hamburg: Books on Demand, 2013.

Fahlbusch, Erwin, Hrsg. *Taschenlexikon Religion und Theologie*. 4. Aufl. Bd. 4 N-R. Göttingen: Vandenhoeck & Ruprecht, 1983.

⸺, Hrsg. *Taschenlexikon Religion und Theologie*. 4. Aufl. Bd. 1 A-D. Göttingen: Vandenhoeck & Ruprecht, 1983.

⸺, Hrsg. *Taschenlexikon Religion und Theologie*. 4. Aufl. Bd. 2 E-I. Göttingen: Vandenhoeck & Ruprecht, 1983.

„Feste und Feiern". Zugegriffen 15. Juli 2018. https://www.ojc.de/kommunitaet/liturgie/feste-feiern/.

Frhr. von Campenhausen, Hans, Erich Dinkler, Gerhard Gloege, und Knud E Logstrup L. *„Die Religionen in Geschichte und Gegenwart: Handworterbuch für Theologie und Religionswissenschaft"*. Herausgegeben von Ernst Kutsch. 1. Aufl. Bd. 1 A-C. Tübingen: J.C.B.Mohr (Paul Siebeck), 1957.

Gäbler, Ulrich. *Huldrych Zwingli: eine Einführung in sein Leben und sein Werk*. 3. Aufl. Zürich: Theologischer Verlag Zürich, 2004.

„Geistlicher Leitfaden März 2015". Zugegriffen 8. Juli 2018. https://www.gruppe153.de/fileadmin/user_upload/Gruppe_1 53_Geistl_Leitfaden_Maerz_2015.pdf.

Geldbach, Erich, Helmut Burkhardt, und Kurt Heimbucher, Hrsg. *Evangelisches Gemeindelexikon*. Wuppertal: R.Brockhaus Verlag, 1978.

„Gemeindeordnung:Mitglied werden". Zugegriffen 14. Juli 2018. https://www.bruderhof.com/de/unser-glaube/grundlagen/gemeindeordnung/mitglied-werden.

„Gemeinsam für das Leben: Mission und Evangelisation in sich wandelnden Kontexten", 2012. https://www.oikoumene.org/de/resources/documents/commis sions/mission-and-evangelism/together-towards-life-mission-and-evangelism-in-changing-landscapes?set_language=de.

German Bible Society. „Lutherbibel (2017):Olive Tree BibleStudy App". Stuttgart: Deutsche Bibelgesellschaft, 2016.

„Geschichte der Offensiven Jungen Christen". Zugegriffen 15. Juli 2018. https://www.ojc.de/kommunitaet/leitbild/geschichte/.

„Geschichte der Tertiaergemeinschaft". Zugegriffen 13. Juli 2018. https://christusbruderschaft.de/de/communitaet/tertiaergemei nschaft.php#Geschichte.

„Geschichte der Waldenser:Virtuelles Museum des Protestantismus". Zugegriffen 17. Mai 2018. https://www.museeprotestant.org/de/notice/geschichte-der-waldenser/.

Gleba, Gudrun. *Klöster und Orden im Mittelalter*. Herausgegeben
    von Martin Kintzinger, Uwe Puschner, und Barbara
    Stollberg-Rilinger. Darmstadt: Wissenschaftliche
    Buchgesellschaft, 2002.
„Grund der Unität". Zugegriffen 14. Mai 2018.
    https://www.ebu.de/brueder-unitaet/weltweite-kirche/grund-
    der-unitaet/.
Halkenhäuser, Johannes. *Kirche und Kommunität:Geschichte und
    Auftrag der kommunitären Bewegung in den Kirchen der
    Reformation*. 2. Aufl. Bd. XLII. Konfessionskundliche und
    Kontroverstheologische Studien. Paderborn: Verlag
    Bonifatius-Druckerei, 1978.
Herrman, Uwe. *Taschenbuch theologischer Fremdwörter*.
    Gütersloh: Gütersloher Verlagshaus, 2005.
Heussi, Karl. *Kompendium der Kirchengeschichte*. 12. Aufl.
    Tübingen: J.C.B.Mohr (Paul Siebeck), 1960.
„Huldreich Zwingli". Zugegriffen 19. Mai 2018.
    https://www.reformiert.de/huldreich-zwingli.html.
„Image Faltblatt der Gruppe 153". Zugegriffen 9. Juli 2018.
    https://www.gruppe153.de/fileadmin/user_upload/2649_Ima
    geFaltblatt_Gruppe153.pdf.
Jaspert, Bernd. *Mönchtum und Protestantismus:Probleme und Wege
    der Forschung seit 1877*. Bd. 2. Regulae Benedicti Studia:
    Supplementa Vol. 15. St. Ottilien: EOS Verlag Erzabtei St.
    Ottilien, 2006.
———. *Mönchtum und Protestantismus:Probleme und Wege der
    Forschung seit 1877*. Bd. 5. Regulae Benedicti Studia:
    Supplementa Vol. 15. St. Ottilien: EOS Verlag Erzabtei St.
    Ottilien, 2011.
Jung, Martin H. *Die Reformation: Theologen, Politiker, Künstler*.
    Göttingen: Vandenhoeck & Ruprecht, 2008.
———. *Luther lesen:Die zentralen Texte*. 2. Aufl. Göttingen:
    Vandenhoeck & Ruprecht, 2017.
Kaufmann, Thomas. *Erlöste und Verdammte: Eine Geschichte der
    Reformation*. München: C.H.Beck, 2016.
———. *Geschichte der Reformation in Deutschland*. 1. Aufl.
    Berlin: Suhrkamp Verlag, 2016.
Kirchenamt der EKD, Hrsg. *Christlicher Glaube und religiöse
    Vielfalt in evangelischer Perspektive: Ein Grundlagentext
    des Rates der Evangelischen Kirche in Deutschland (EKD)*.
    Gütersloh: Gütersloher Verlagshaus, 2015.
———, Hrsg. *Verbindlich leben:Kommunitäten und geistliche
    Gemeinschaften in der Evangelischen Kirche in
    Deutschland*. Bd. 88. EKD Texte. Hannover: Kirchenamt der
    EKD, 2007.
Kommunität Jesu Weg, Hrsg. „Ein vertrauter Weg:Die Kommunität
    Jesu Weg". Bamberg: Erich Weiß Verlag, 2013.

„Lebensregeln". Zugegriffen 15. Juli 2018.
  http://nagelkreuz.org/versoehnung/lebensregeln.
Leven, Benjamin. „Bruderschaften". Zugegriffen 8. Juli 2018.
  https://www.herder.de/gd/lexikon/bruderschaft/.
Lohse, Bernhard. *Luthers Kritik am Mönchtum*. Evangelische
  Theologie. Gütersloh: Gütersloher Verlagshaus, 1960.
  https://doi.org/https://doi.org/10.14315/evth-1960-8-905.
————. *Luthers Theologie in ihrer historischen Entwicklung und in
  ihrem systematischem Zusammenhang: Luthers Theologie in
  ihrer historischen Entwicklung und in ihrem systematischen
  Zusammenhang*. Göttingen: Vandenhoeck & Ruprecht, 1995.
Lorenz, Adolf Friedrich. „Brüder vom gemeinsamen Leben:RDK II
  - 1260–1265". Zugegriffen 22. Juni 2018.
  http://www.rdklabor.de/w/?oldid=88898.
*Lutherische Generalsynode 1976: Bericht über die fünfte Tagung
  der fünften Generalsynode der Evangelisch-Lutherischen
  Kirche Deutschlands vom 26. bis 29. Oktober 1976 in
  Bückeburg*. Hamburg: Lutherisches Verlagshaus, 1977.
Macek, Josef. „Sonderdruck aus ‚Zeitschrift für Kirchengeschichte'
  II - 1974 Verlag W. Kohlhammer, Stuttgart: Die böhmische
  und die deutsche radikale Reformation bis zum Jahre 1525",
  1974. http://www.mgh-
  bibliothek.de/dokumente/a/a149589.pdf.
Mohaupt, Lutz, Hrsg. *Modelle gelebten Glaubens*. Hamburg:
  Lutherisches Verlagshaus, 1976.
Mühling, Andreas. „Calvin, Johannes (1509-1564):Version des
  Artikels vom 10.10.2017", 2008.
  https://www.bibelwissenschaft.de/stichwort/15813/.
„Nagelkreuz: 1940 bis zur Gegenwart". Zugegriffen 15. Juli 2018.
  http://nagelkreuz.org/nkg-international/coventry.
Olschewski, Ursula. „Armutsbewegungen im
  Mittelalter:Bibelwissenschaft.de", 2018.
  http://www.bibelwissenschaft.de/stichwort/200300/.
Opitz, Peter. *Leben und Werk Johannes Calvins*. Göttingen:
  Vandenhoeck & Ruprecht, 2009.
Pfister, Stefanie, und Matthias Roser. „Pietismus", 2017.
  http://www.bibelwissenschaft.de/stichwort/100275/.
Plönz, Sabine, Wolfgang Günther, Hans-Ludwig Althaus, Bernd
  Brandl, Traugott Farnbacher, und Wilhelm Richebächer,
  Hrsg. *Kommunitäten:In Gemeinschaften anders leben*. Bd.
  /Ausg.2007. Jahrbuch Mission. Hamburg: Missionshilfe
  Verlag, 2007.
„Regel:Communität Christusbruderschaft Selbitz", 2. Aufl. Selbitz:
  Communität Christusbruderschaft Selbitz, 2008.
Regula Benedicti:Die Benediktusregel:Lateinisch/Deutsch. 4. Aufl.
  Beuron: Beuroner Kunstverlag, 2005.
Reimer, Hans-Diether, und Oswald Eggenberger. *Neben den*

Kirchen:Gemeinschaften, die ihren Glauben auf besondere Weise leben wollen. 8. Aufl. Bd. 12. Bibel-Kirche-Gemeinde. Konstanz: Christliche Verlagsanstalt, 1988.

Reimer, Ingrid, Hrsg. *Alternativ leben in verbindlicher Gemeinschaft:Evangelische Kommunitäten, Lebensgemeinschaften, Junge Bewegungen.* Stuttgart: Quell Verlag, 1979.

———. *Verbindliches Leben in Bruderschaften, Kommunitäten, Lebensgemeinschaftem.* 1. Aufl. Stuttgart: Quell Verlag, 1986.

Rössler, Andreas. *Evangelisch-Katholisch:Grundlagen Gemeinsamkeiten Unterschiede.* 3. Aufl. Gütersloh: Gütersloher Verlagshaus, 2006.

———. *Kleine Kirchenkunde:Ein Wegweiser durch die christlichen Konfessionen und Sondergemeinschaften.* 2. Aufl. Bd. 64. ctb. Stuttgart: Calwer Verlag, 1999.

Schilling, Heinz. *1517: Weltgeschichte eines Jahres.* 3. Aufl. München: C.H.Beck, 2017.

———. „*Martin Luther: Rebell in einer Zeit des Umbruchs*". 1. Aufl. München: C.H.Beck, 2012.

Schmidt, Ansgar, und Hilde Greichgauer, Hrsg. „Mattheiser Brief Juli 2017". Trier: Abtei St. Matthias, 2017.

Schmidt, Kurt Dietrich. *Grundriß der Kirchengeschichte.* 4. Aufl. Göttingen: Vandenhoeck & Ruprecht, 1963.

Schmidt, Markus. *Charismatische Spiritualität und Seelsorge: Der Volksmissionskreis Sachsen bis 1990.* Bd. 69. Kirche – Konfession – Religion. Göttingen: V&R unipress, 2017.

Scriba, Arnulf. „Wandervogelbewegung:Deutsches Historisches Museum, Berlin vom 6. September 2014". Zugegriffen 29. Juni 2018. https://www.dhm.de/lemo/kapitel/weimarer-republik/alltagsleben/wandervogelbewegung.html.

„Selbstverständnis der Gruppe 153". Zugegriffen 9. Juli 2018. https://www.gruppe153.de/gruppe-153/selbstverstaendnis.html.

Stamm, Heinz-Meinolf. *Luthers Stellung zum Ordensleben.* Herausgegeben von Peter Meinhold. Bd. 101. Veröffentlichungen des Instituts für Europäische Geschichte Mainz:Abteilung für Abendländische Religionsgeschichte. Wiesbaden: Franz Steiner Verlag, 1980.

Stephan Bitter. „Epochen der christlichen Bibelauslegung:www.bibelwissenschaft.de", 2006. http://www.bibelwissenschaft.de/de/stichwort/10535/.

Stuhlmacher, Peter. *Vom Verstehen des Neuen Testaments:Eine Hermeneutik.* Herausgegeben von Gerhard Friedrichs. 2. Aufl. Grundrisse zum Neuen Testament:Das Neue Testament Deutsch - Ergänzungsband 6. Göttingen: Vandenhoeck & Ruprecht, 1986.

„Unser Gelübde". Zugegriffen 2. Juli 2018.
https://www.bruderhof.com/de/unser-glaube/grundlagen/gemeindeordnung/unsere-geluebde.

„Versöhnung". Zugegriffen 7. Juli 2018.
https://www.kanaan.org/de/schwerpunkte/versoehnung/.

„Vielfalt – keineswegs Beliebigkeit:Konkrete Gemeinde Jesu".
Zugegriffen 11. Juli 2018.
http://wp.laurentiuskonvent.de/wordpress/uberuns/.

„Wenn wir das Leben teilen wie das täglich Brot ..." Zugegriffen 6.
Juli 2018. https://www.schwanberg.de/CCR.

Wiesche, Anna-Maria aus der, und Hans Häselbarth. „Liebe zur
Gemeinschaft". Selbitzer Lesezeichen. Selbitz: Communität
Christusbruderschaft Selbitz, 1997.

Wiesche, Anna-Maria aus der, und Frank Lilie. *Kloster auf
Evangelisch:Berichte aus dem gemeinsamen Leben.*
Münsterschwarzach: Vier Türme, 2016.

Wilckens, Ulrich. *Die evangelischen Kommunitäten:Bericht des
Beauftragten des Rates der Evangelischen Kirche in
Deutschland für den Kontakt zu den evangelischen
Kommunitäten.* Herausgegeben von Kirchenamt der EKD.
Bd. 62. EKD Texte. Hannover: Kirchenamt der EKD, 1997.

„Wilhelm Löhe:zuletzt am 5. April 2018 um 17:43 Uhr geändert."
Zugegriffen 19. Juni 2018.
https://www.fuerthwiki.de/wiki/index.php/Wilhelm_Löhe.

Winter, Jörg. „Kirche – Staat (erstellt: Jan. 2015 / letzte Änderung
am 10.10.2017)", o. J.
https://doi.org/https://doi.org/10.23768/wirelex.Kirche_Staat.
100093.

„Zum 100. Geburtstag von Walter Hümmer:Schriftenreihe II".
Dreiteilige Schriftenreihe zum 60jährigen Jubiläum der
Communität Christusbruderschaft Selbitz und den 100.
Geburtstagen unserer Gründer Hanna und Walter Hümmer.
Selbitz: Communität Christusbruderschaft Selbitz, 2009.

10.   Ehrenwörtliche Erklärung

Ich, *Christian Priesmeier*, versichere, dass ich die vorliegende Arbeit mit dem Titel:

Geistliche Gemeinschaften und Kommunitäten in den evangelischen Kirchen in Deutschland:
Diskurs über Spannungsfelder innerhalb der reformatorischen Tradition

im Rahmen des B.A. Studiengangs *Interkulturelle Theologie, Migration und Gemeindeleitung* selbständig und ohne Hilfe Dritter verfasst habe.

Ich versichere, dass ich die Arbeit ohne Benutzung anderer als der angegebenen Quellen und Hilfsmittel angefertigt und die den benutzten Quellen wörtlich oder inhaltlich entnommenen Zitate bzw. Informationen (Texte, Grafiken, Bilder, Datensätze etc.) als solche kenntlich gemacht habe. Diese Arbeit hat in gleicher oder ähnlicher Form noch keiner anderen Prüfungsbehörde zum Zwecke eines akademischen Abschlusses vorgelegen.

Ich bin damit einverstanden, dass meine Arbeit zum Zwecke eines Plagiatsabgleichs in elektronischer Form anonymisiert versendet und gespeichert werden kann, auch auf Servern außerhalb der FIT.

Ich versichere, dass die elektronische Fassung nicht verändert wurde und identisch ist mit der gedruckten Fassung.[**]

Hameln, 24. Juli 2018

Christian Priesmeier

[**] Dieser Passus bezieht sich auf die Unterlagen die bei der Hochschule eingereicht wurden.

11. Abstract

Kommunitäre Gemeinschaften und Bruder- und Schwesternschaften gehören heutzutage nahezu selbstverständlich zum Erscheinungsbild der evangelischen Kirchen. Das war nicht immer so, weil es innerhalb der Kirchen seit Luther, Zwingli und Calvin Widerstände und Ablehnung gegen mönchische Bestrebungen gab, obwohl innerhalb des Protestantismus immer wieder Ansätze dazu vorhanden waren. Im Laufe des 20. Jahrhunderts kam es zu einer Renaissance von neuen Lebensgemeinschaften, die sich an alten klösterlichen Idealen orientierten.

Diese vermeintliche Diskrepanz zwischen reformatorischer Kritik und der Neuausformung klösterlichen Lebens wirft immer wieder Fragen auf. Das Ziel dieser Untersuchung war es daher zu bestimmen, welche positiven und negativen Spannungsfelder im Diskurs über *Geistliche Gemeinschaften und Kommunitäten* in den evangelischen Kirchen in Deutschland vorhanden sind. Ferner ob diese Spannungsfelder Auswirkung auf die Gemeinschaften und die evangelischen Kirchen in Deutschland in Beziehung auf die reformatorische Tradition haben.

Um Spannungsfelder zu analysieren und reformatorische Tradition zu definieren, wurde die historische Entwicklung der reformatorischen Kirchen und ihrer Gründer, wie aber auch die Entwicklung von Geistlichen Gemeinschaften betrachtet. Ferner wurde die Unterschiedlichkeit dieser Gemeinschaftsformen beispielhaft an einzelnen Gruppen aufgezeigt. Die Inhalte wurden mit Hilfe einschlägiger Literatur und Eigendarstellungen der Gemeinschaften erarbeitet und in zeitlich fortlaufender Weise zusammengestellt.

Die Untersuchung zeigte auf, dass es nach wie vor Gesprächsbedarf zwischen Geistlichen Gemeinschaften und evangelischen Kirchen gibt und zwar weniger über die gelebte Praxis oder in theologischen Fragen, sondern in der rechtlichen Beziehung zueinander. Ferner wurde aufgezeigt, dass Geistliche Gemeinschaften zur Ökumene und dem geistlich-spirituellen Leben in der Ortsgemeinde beitragen und zudem Anteil nehmen am Missionsauftrag der Kirche.

Auf Grundlage der Ergebnisse scheint es ratsam, Geistliche Gemeinschaften auch auf ihre Wirkkraft im europäischen oder weltweiten Kirchennetzwerk zu betrachten, weil ein Großteil von ihnen länderübergreifend tätig ist. Hier könnten dann zusätzlich noch missionarische und kulturelle Fragen einfließen, die nicht Bestandteil dieser Untersuchung waren.

Über den Autor

Christian Priesmeier, Jahrgang 1966, ist Bruder in der klösterlichen Gemeinschaft »Familiaritas« im ev.-luth. Zisterzienserkloster Amelungsborn und Vorsitzender der »Lutheriden-Vereinigung e.V.« mit Sitz in Zeitz.

Nach einer handwerklichen und anschließenden kaufmännischen Ausbildung in Hameln, belegte er an der FEB Hamburg den 5 Semester umfassenden Studiengang zum »Wirtschaftsassistent" und »Betriebswirt für Organisation und Datenverarbeitung«. Es folgten im weiteren Verlauf ein Studium der »Allgemein-bildenden Theologie« an der Fernuniversität Strehlen und ein Studium der »Religionsphilosophie« an der ILS Hamburg. An der Fachhochschule für Interkulturelle Theologie in Hermannsburg beendete er das Englischsprachige Bachelorstudium mit Auszeichnung im Fach »Intercultural Theology, Migration and Congregational Leadership« mit seiner Arbeit über Geistliche Gemeinschaften und Kommunitäten.

In der Landeskirche Hannover ist Christian Priesmeier seit 2006 Prädikant mit Zulassung für das Abendmahl. Seit einigen Jahren ist er zudem regelmäßig mit Radioandachten im Sender Radio Aktiv zu hören.

Beruflich ist Christian Priesmeier im Bereich der Softwareentwicklung als Leiter der Qualitätssicherung und dem technischen Produktmanagement tätig. Er ist verheiratet, hat 3 Kinder und 6 Enkelkinder.

Aus dem Inhalt

Nach dem Ende des 2. Weltkrieges entstanden vermehrt Gemeinschaften und Kommunitäten mit klarem evangelischem Bekenntnis. Erst im Laufe der Zeit wurden diese, mit ihren teilweise besonderen Formen der Frömmigkeit, ein anerkannter Teil der evangelischen Kirchen.

Die Bachelorarbeit beschäftigt sich mit verbindlichen Gemeinschaftsformen von Bruder- und Schwesternschaften, Kommunitäten und Geistlichen Gemeinschaften innerhalb der evangelischen Kirchen in Deutschland. Dabei wird die Entwicklung dieser Zusammenschlüsse, deren Aufgaben und deren prägender Charakter betrachtet. Ergänzend liegt ein Augenmerk auf den vorbereitenden Gruppierungen und Gemeinschaften, wie etwa die Herrnhuter Brudergemeine. Es werden außerdem die Unterschiede innerhalb der Gemeinschaften analysiert und die Spannungsfelder (Einbindung und evtl. Widerspruch) innerhalb der reformatorischen Tradition aufgezeigt.

Ein Widerspruch deshalb, weil man wegen der Kritik Martin Luthers an Klöstern und Ordensgemeinschaften diese Entwicklung als ein Paradoxon sehen kann. Das Augsburger Bekenntnis (CA) ist Basis für die lutherischen Kirchen; die in dessen Artikel 27 enthaltene Kritik am Mönchtum hat auch heute noch Bestand. Deshalb wurde diese Kritik mit in den Fokus der Untersuchung gestellt, um Spannungsfelder ermitteln zu können, in denen sich diese kirchlichen Gruppierungen bewegen.

Augustinerkloster, Erfurt / Bild © 2017 Priesmeier

Wartburg, Eisenach – Eng verknüpft mit Martin Luther / Bild © 2017 Priesmeier